essentials

Essentials liefern aktuelles Wissen in konzentrierter Form. Die Essenz dessen, worauf es als „State-of-the-Art" in der gegenwärtigen Fachdiskussion oder in der Praxis ankommt. Essentials informieren schnell, unkompliziert und verständlich

- als Einführung in ein aktuelles Thema aus Ihrem Fachgebiet
- als Einstieg in ein für Sie noch unbekanntes Themenfeld
- als Einblick, um zum Thema mitreden zu können.

Die Bücher in elektronischer und gedruckter Form bringen das Expertenwissen von Springer-Fachautoren kompakt zur Darstellung. Sie sind besonders für die Nutzung als eBook auf Tablet-PCs, eBook-Readern und Smartphones geeignet.

Essentials: Wissensbausteine aus Wirtschaft und Gesellschaft, Medizin, Psychologie und Gesundheitsberufen, Technik und Naturwissenschaften. Von renommierten Autoren der Verlagsmarken Springer Gabler, Springer VS, Springer Medizin, Springer Spektrum, Springer Vieweg und Springer Psychologie.

Jan Drengner

Sport als Erlebnisrahmen im Eventmarketing

Ein Überblick

Prof. Dr. habil. Jan Drengner
Hochschule Worms
Deutschland

ISSN 2197-6708   ISSN 2197-6716 (electronic)
ISBN 978-3-658-07979-6   ISBN 978-3-658-07980-2 (eBook)
DOI 10.1007/978-3-658-07980-2

Die Deutsche Nationalbibliothek verzeichnet diese Publikation in der Deutschen Nationalbiblio-
grafie; detaillierte bibliografische Daten sind im Internet über http://dnb.d-nb.de abrufbar.

Springer Gabler
© Springer Fachmedien Wiesbaden 2015

Springer Gabler ist eine Marke von Springer DE. Springer DE ist Teil der Fachverlagsgruppe
Springer Science+Business Media
www.springer-gabler.de

Was Sie in diesem Essential finden können

- Begründung der Bedeutung des Sports für das Eventmarketing
- Beschreibung des Eventmarketing als erlebnisorientiertes Kommunikationsinstrument
- Überblick über verhaltenswissenschaftliche Erkenntnisse zum Sportkonsum
- Handlungsempfehlungen zur Gestaltung einzelner Inszenierungselemente von Marketing-Events
- Diskussion der Risiken des Einsatzes von Sport im Eventmarketing

Vorwort

Grundlage dieses Essentials ist der Beitrag „Sporterlebniswelten im Eventmarketing", veröffentlicht in dem Sammelband „Events und Sport" (herausgegeben von Cornelia Zanger, Springer Gabler 2013). Für das vorliegende Essential wurde der Text grundlegend überarbeitet und insbesondere um neue wissenschaftliche Erkenntnisse zur Inszenierung außergewöhnlicher Erlebnisse ergänzt.

Inhaltsverzeichnis

Einleitung **1**

Studien zum Sportkonsum privater Haushalte verdeutlichen, dass sich Sport als **wichtiges Element der Freizeitgestaltung** in westlichen Gesellschaften etabliert hat (vgl. Alfs 2014). So verzeichnete beispielsweise der Deutsche Olympische Sportbund (DOSB) im Jahr 2013 insgesamt 28 Mio. Mitglieder in 90.784 Sportvereinen (vgl. DOSB 2014). Weiterhin stieg die Anzahl der Kunden deutscher Fitness-Studios von 4,7 Mio. Personen im Jahr 2004 auf 8,55 Mio. im Jahr 2013 (vgl. Statista 2014a). Parallel zu derartigen Angeboten des aktiven Sportkonsums lässt sich ebenfalls eine starke Nachfrage nach Leistungen für passiven Sportkonsum feststellen. Beispielsweise sahen in Deutschland 34,65 Mio. Fernsehzuschauer das Endspiel der Fußball WM 2014, was einem Marktanteil von mehr als 90 % in der Altersgruppe der 14- bis 49-Jährigen entspricht (vgl. Statista 2014b). Weiterhin sorgte 2014 die Übertragung des 48. Super-Bowls mit durchschnittlich 112,2 Mio. Zuschauern für einen Quotenrekord in der Geschichte des US-amerikanischen Fernsehens (vgl. Crupi 2014).

Aufgrund der hier beispielhaft skizzierten hohen gesellschaftlichen Relevanz des Sports greifen auch Unternehmen auf dieses Thema zurück, um ihre Ziele zu erreichen. Aus der Perspektive des Marketing lassen sich in diesem Zusammenhang das Marketing *für* Sport und das Marketing *mit* Sport unterschieden (vgl. Fullerton und Merz 2008). Das **Marketing für Sport** umfasst alle Marketingaktivitäten zur Vermarktung sportbezogener Produkte (z. B. Sportbekleidung und -geräte) und Dienstleistungen (z. B. Sportveranstaltungen, Trainingsmöglichkeiten). **Marketing mit Sport** betreiben hingegen Unternehmen, die Leistungen ohne unmittelbare Verbindung zum Sport anbieten. Sie nutzen die breite Akzeptanz des Sports für ihre Zwecke, indem sie auf dieses Thema bei der Gestaltung ihrer Mar-

© Springer Fachmedien Wiesbaden 2015
J. Drengner, *Sport als Erlebnisrahmen im Eventmarketing,* essentials,
DOI 10.1007/978-3-658-07980-2_1 1

ketinginstrumente zurückgreifen. Beispiele für das Marketing mit Sport sind die Nutzung von Sportveranstaltungen durch Brauereien als Distributionskanal oder das Angebot von Kreditkarten mit Bezug zu einem Fußballteam (z. B. *FC Bayern MasterCard* der *Hypovereinsbank*[1]).

Ein wichtiger Anwendungsbereich des Marketing mit Sport liegt außerdem im Einsatz des Sports zur **inhaltlichen Gestaltung von Kommunikationsinstrumenten** (vgl. Drengner 2013a). Indem Unternehmen den Sport als Themenlieferant für ihre Kommunikationsmaßnahmen verwenden, können sie ihre Markenbotschaft unmittelbar im Lebensumfeld der Zielgruppen positionieren. Weiterhin gehen der aktive und passive Konsum von Sportveranstaltungen häufig mit Dramatik und Spannung einher, woraus sich Chancen ergeben, Marken mit außergewöhnlichen Konsumerlebnissen zu verknüpfen.

Im Fokus des vorliegenden Beitrags steht mit dem **Eventmarketing** ein Kommunikationsinstrument, welches sich aufgrund seiner spezifischen Merkmale (z. B. Multisensualität, aktive Einbeziehung der Zielgruppen) (vgl. Zanger und Drengner 2009, S. 198 f.) besonders für eine solche sog. Erlebniskommunikation (vgl. Bauer et al. 2012) eignet. Das Ziel des Beitrags besteht darin, theoretisch gestützte Handlungsempfehlungen für die Nutzung des Sports im Rahmen des Eventmarketing zu erarbeiten. Dazu werden zunächst die zentralen Begriffe „Eventmarketing" und „Sport" definiert. Anschließend erfolgt eine verhaltenswissenschaftliche Analyse der beim Sportkonsum ablaufenden Prozesse. Aufbauend auf diesen Erkenntnissen werden danach detaillierte Hinweise für die Inszenierung von Marketing-Events gegeben. Zum Abschluss stehen verschiedene Risiken beim Einsatz des Sports im Rahmen des Eventmarketing im Mittelpunkt der Diskussion.

---

[1] vgl. http://www.hypovereinsbank.de/portal?view=/de/privatkunden/fc-bayern-banking/fc-bayern-mastercard.jsp, abgerufen am 26.08.2014.

Eventmarketing als Instrument der Erlebniskommunikation

2

Beim **Eventmarketing** handelt es sich um ein Instrument der Kommunikationspolitik, welches die zielorientierte, systematische Planung, konzeptionelle und organisatorische Vorbereitung, Realisierung, Nachbereitung sowie das Controlling sog. Marketing-Events umfasst. Der Begriff des **Marketing-Events** beschreibt in diesem Kontext ein vom Unternehmen inszeniertes Ereignis in Form einer Veranstaltung, die der anvisierten Zielgruppe (z. B. Endverbraucher, Geschäftskunden, Mitarbeiter) eine vorher festgelegte, auf eine bestimmte Marke (z. B. Unternehmensmarke, Einzelmarke, Familienmarke, Dachmarke) bezogene Botschaft vermittelt und somit der Umsetzung von Kommunikationszielen dient (vgl. Zanger und Drengner 2009, S. 197). Zu den beabsichtigten Kommunikationswirkungen zählen beispielsweise das Lernen markenbezogener Informationen (z. B. Nutzen der Marke, Historie der Marke), die Beeinflussung des Markenimages, die Stärkung der Bindung an die Marke oder die Motivation der Eventteilnehmer (z. B. Mitarbeiter, Händler).

Als besonders relevant für die Erreichung dieser Ziele gelten die bei den Konsumenten des Ereignisses hervorgerufenen Erlebnisse (vgl. Drengner 2014; Weinberg und Nickel 2007). Indem das Marketing-Event möglichst **außergewöhnliche, nicht-alltägliche sowie positiv bewertete Erlebnisse** bietet, soll die Aufmerksamkeit der Zielgruppe auf die zu vermittelnden Informationen und Bedeutungsinhalte gelenkt sowie die Aufnahme und Verarbeitung der Botschaft gemäß den Zielen des Unternehmens beeinflusst werden (vgl. Drengner 2014).

Der Begriff des Erlebnisses beschreibt dabei das subjektive Erleben sämtlicher, bei einer Person während der Veranstaltung ablaufenden psychischen Phänomene, wie Wahrnehmen, Denken, Imaginieren oder Fühlen (vgl. Drengner 2014; Bruhn

© Springer Fachmedien Wiesbaden 2015
J. Drengner, *Sport als Erlebnisrahmen im Eventmarketing*, essentials,
DOI 10.1007/978-3-658-07980-2_2

Table 2.1 Komponenten von Erlebnissen am Beispiel des aktiven und passiven Sportkonsums. (Quellen: Drengner 2014; Drengner und Jahn 2012)

Erlebniskomponente	Beschreibung
Sensorische Komponente	… umfasst Erfahrungen während des Sportkonsums, die auf visuellen, auditiven, haptischen, olfaktorischen, gustatorischen, thermalen oder kinästhetischen Sinneseindrücken des Individuums beruhen
	Beispiele: Gleichgewichtsänderungen beim Skifahren; Betrachten der Schönheit der Bewegungen von Sportlern beim Eiskunstlauf
Intellektuelle Komponente	… umfasst Erfahrungen während des Sportkonsums, die mit der bewussten kognitiven Auseinandersetzung mit einem Stimulus einhergehen
	Beispiele: Erlernen von Techniken und Bewegungsabläufen bei Teilnahme an einem Tauchkurs; Erlernen von Techniken, Bewegungsabläufen und Taktiken durch Beobachtung professioneller Sportler als Zuschauer
Relationale Komponente	… beschreibt Erfahrungen während des Sportkonsums, die auf den sozialen Kontakten mit anderen Menschen beruhen
	Beispiele: Gemeinschaftsgefühl zwischen den Fans einer Mannschaft oder eines Sportlers, Knüpfen sozialer Kontakte durch gemeinsames aktives Sportreiben
Transzendente Komponente	… tritt dann auf, wenn das Individuum während des Sportkonsums eine als angenehm empfundene zeitweise Entkopplung seiner Person von Zeit und Alltag empfindet
	Beispiele: *Peak-Experience* während eines Marathonlaufs; *Flow*-Erlebnis[1] während des Betrachten eines spannenden Fußballspiels
Symbolische Komponente	… betrifft Erfahrungen während des Sportkonsums, die auf der symbolischen Bedeutung des Sportkonsums im sozialen Umfeld beruhen
	Beispiele: Stolz auf die erfolgreiche Bewältigung eines Marathonlaufs, Stolz auf den Sieg des Nationalteams des eigenen Landes („Wir sind Weltmeister!")
Emotionale Komponente	… beschreibt die Erfahrungen während des Sportkonsums, die mit Emotionen verknüpft sind
	Beispiele: Freude an einer Wildwasserrafting-Tour; Enttäuschung über die Niederlage eines Sportlers, den man bewundert
Kollektiv-emotionale Komponente	… bezieht sich auf Erfahrungen während des Sportkonsums, die auf gemeinsamen rituellen Handlungen mit anderen Menschen und den damit einhergehenden sozial geteilten Emotionen basieren
	Beispiele: Fan-Gesänge, La-Ola-Welle in einem Stadion

[1] Eine differenzierte Betrachtung transzendenter Erfahrungen im Sport (z. B. Peak-Experience, Flow-Erleben) bieten Jackson und Kimiecik (2008).

und Hadwich 2012, S. 9). Ein Erlebnis ist somit als komplexes und holistisches Konzept zu verstehen, welches sich aus einer oder mehrerer der in Tab. 2.1 aufgeführten, eng miteinander verknüpften **Erlebniskomponenten** zusammensetzen kann. Bezüglich dieser Komponenten belegen Forschungen (vgl. z. B. McGinnis et al. 2012; Schlesinger 2010; Schlesinger 2008; Schouten et al. 2007; Arnould und Price 1993; Celsi et al. 1993), dass starke Ausprägungen insbesondere der transzendenten, der relationalen, der emotionalen sowie der kollektiv-emotionalen Erlebniskomponenten das Potential für außergewöhnliche sowie positiv bewertete Konsumerfahrungen in sich bergen (vgl. Drengner 2014, S. 122).

Um Marketing-Events mit einem möglichst hohen Potential für außergewöhnliche Konsumerlebnisse anbieten zu können, verknüpfen Unternehmen die zu kommunizierenden Markenbotschaft während der Veranstaltung häufig mit einem übergeordneten Thema. Ein solcher **Erlebnisrahmen** kann der Sport sein, der besonders viele Möglichkeiten für facettenreiche Erlebnisse bereit hält (vgl. Tab. 2.1).

Obwohl jeder Mensch eine intuitive Vorstellung davon hat, was unter Sport zu verstehen ist, hat sich in den Sportwissenschaften (z. B. Sportsoziologie, -psychologie oder -ökonomie) bisher noch keine einheitliche **Definition des Sportbegriffes** durchgesetzt (vgl. Alfs 2014, S. 91 f.; Drengner 2013a, S. 68 ff.; Haverkamp und Willimczik 2005). In Anlehnung an Alfs (2014, S. 92) sowie Wopp (2006, S. 24) wird Sport im Weiteren als freiwillig ausgeübte, der subjektiven Einschätzung einer Person unterliegende Betätigung in Form körperlicher Bewegungsaufgaben definiert. Die Entscheidung, ob es sich bei einer Tätigkeit um Sport handelt oder nicht, ergibt sich somit aus der Bewertung des jeweiligen Betrachters.

Wie die Beispiele in der Einleitung illustrieren, lässt sich die Nachfrage nach Sportangeboten in aktiven und passiven Konsum unterteilen. **Aktiver Sportkonsum** beschreibt die Nutzung von Angeboten zur Ausübung von Sportarten (z. B. Besuch eines Fitnessstudios, Teilnahme an einem Marathon). Der **passive Sportkonsum** erwächst hingegen aus dem Interesse der Konsumenten an der Partizipation an den sportlichen Aktivitäten Dritter (vgl. Hermanns und Riedmüller 2008, S. 42), wobei die Rezeption dieser Aktivitäten entweder direkt am Ort des Geschehens (z. B. im Stadion) oder via medialer Übertragung (z. B. im Fernsehen) erfolgt. Somit bildet der aktive Sportkonsum die Ausgangsbasis für den passiven Konsum.

© Springer Fachmedien Wiesbaden 2015

7

J. Drengner, *Sport als Erlebnisrahmen im Eventmarketing,* essentials,
DOI 10.1007/978-3-658-07980-2_3

Wie empirische Forschungen belegen, können sowohl beim aktiven als auch beim passiven Sportkonsum **außergewöhnliche, nicht-alltägliche Erlebnisse** auftreten, die vor allem durch starke Ausprägungen der transzendenten, der relationalen der emotionalen und der kollektiv-emotionalen Komponente gekennzeichnet sind.

- Die **transzendente Erlebniskomponente** wird dabei häufig anhand des sog. *Flow*-Erlebens konzeptualisiert, welches eine Erfahrung beschreibt, „…in der das Individuum hoch konzentriert und selbstvergessen ist, seinen Zeitsinn verliert sowie sein Bewusstsein und die Handlung miteinander verschmelzen" (Drengner 2013a, S. 161). Im Bereich des aktiven Sportkonsums wurde das Auftreten von Flow bereits in mehreren Studien sowohl für den Leistungssport als auch für den Freizeitsport nachgewiesen (vgl. Drengner 2013a, S. 160). Für den passiven Sportkonsum zeigen Drengner et al. (2009) am Beispiel der Fußball-WM 2006, dass auch die Zuschauer von Sportereignissen flowähnliche Zustände erleben.
- Die Konzeptualisierung der **relationalen Erlebniskomponente** erfolgt in der Konsumentenverhaltensforschung zumeist mittels des lateinischen Begriffes der *Communitas*. Dieses hypothetische Konstrukt beschreibt ein situatives, tiefes sowie temporär begrenztes Gemeinschaftsempfinden zwischen mehreren Personen, das mit der Überwindung gesellschaftlicher Normen und Konventionen einhergeht (vgl. Jahn und Drengner 2013, S. 115 ff.; McGinnis et al. 2012; Arnould und Price 1993; Celsi et al. 1993, S. 12). Empirische Studien belegen, dass Communitas vor allem durch gemeinsamen aktiven Sportkonsum in sozialen Gruppen entsteht (vgl. McGinnis et al. 2008, 2012; Arnould und Price 1993; Celsi et al. 1993). Erkenntnisse der Soziologie zur Wirkungsweise von Events legen weiterhin nahe, dass dieses Phänomen auch beim passiven Sportkonsum – z. B. bei Public Viewing-Veranstaltungen – auftreten kann (vgl. Gebhardt 2008).
- Aktiver und passiver Sportkonsum gehen weiterhin mit starken Ausprägungen der **emotionalen Erlebniskomponente** einher, was sich auf eine Vielzahl von Ursachen zurückführen lässt. So empfinden Konsumenten sportliche Auseinandersetzungen konkurrierender Sportler bzw. -teams häufig als dramatisch und spannend. Diese Emotionalisierung liegt dabei sowohl in den auftretenden Handlungen und Aktionen der Protagonisten begründet (z. B. Schießen eines Tores, Foul eines Spielers) als auch in der Unsicherheit über das Ergebnis des Wettkampfes (vgl. Madrigal und Dalakas 2008; Vosgerau et al. 2006). Darüber hinaus entstehen intensive emotionale Erlebnisse dadurch, dass Menschen bei der Ausübung bestimmter Sportarten (z. B. Fallschirmspringen, Automobilrennsport, Klettern) kalkulierte Risiken eingehen, die bei deren Bewältigung

in Euphorie umschlagen können (vgl. Celsi et al. 1993). Außerdem liegt eine Ursache für das hohe Emotionalisierungspotential des Sports darin, dass das Erleben sowohl von Flow als auch von Communitas meist mit intensiven positiven Emotionen verknüpft ist (vgl. Jahn und Drengner 2013; Drengner et al. 2008; Gebhardt 2008; Jackson und Kimiecik 2008, S. 384; Arnould und Price 1993).

- Findet Sportkonsum gemeinsam mit anderen Menschen statt, können sich die Konsumenten in solchen Situationen gegenseitig beobachten, aufeinander reagieren und sich somit in ihren Emotionen wechselseitig „hochschaukeln" (vgl. Drengner 2013a, S. 154 ff., Drengner und Jahn 2012, S. 234; Schlesinger 2010). Die dabei entstehenden Erfahrungen bilden die **kollektiv-emotionale Erlebniskomponente** des Sportkonsums. Erklärbar ist das Auftreten kollektiver Emotionen durch das Phänomen der sog. emotionalen Ansteckung, welche die Übertragung von Emotionen von einer Person auf eine andere Person beschreibt (vgl. Hatfield et al. 1993). Dieser Prozess basiert auf der menschlichen Tendenz, das emotionale Verhalten des sozialen Umfelds (z. B. Gesichtsausdrücke, Gestiken, Gesänge) nachzuahmen, um sich somit den anderen Individuen anzugleichen. Dabei kommt es umso eher zu einer Ausbreitung von Emotionen in größeren Ansammlungen von Personen, je eher sich die Betroffenen ihrem unmittelbaren sozialen Umfeld zugehörig fühlen (vgl. Drengner et al. 2012; Schlesinger 2010, S. 141; Riedl 2008, S. 238 f.). Die damit einhergehenden Verhaltensweisen der Konsumenten, wie beispielsweise Fan-Gesänge oder La-Ola-Wellen, gelten als wichtige Determinanten der für Sportveranstaltungen charakteristischen Atmosphäre (vgl. Chen et al. 2013; Uhrich und Benkenstein 2010; Uhrich und Koenigstorfer 2009).

Dies zusammenfassend eignet sich Sport – als potentielle Quelle außergewöhnlicher und facettenreicher Erlebnisse – besonders gut zur inhaltlichen Gestaltung von Marketing-Events. Für seinen erfolgreichen Einsatz als Erlebnisrahmen müssen Unternehmen zunächst Verständnis für die mit dem Konsum von Sport verbundenen Prozesse entwickeln, die im folgenden Abschnitt diskutiert werden.

Verstehen des Sportkonsums als Voraussetzung für die erfolgreiche Gestaltung des Erlebnisrahmens

4

Einen fundierten holistischen Bezugsrahmen zum Verstehen des Sportkonsums bietet das in Abb. 4.1 dargestellte **Psychological Continuum Model (PCM)** von Funk und James (2001, 2006). Das Modell besteht aus vier aufeinander aufbauenden, idealtypischen, fließend ineinander übergehenden Stufen, in die sich die vielfältigen Ergebnisse psychologischer und soziologischer Studien zum aktiven und passiven Sportkonsum integrieren lassen (vgl. Drengner 2013a, S. 101 ff.). Im Folgenden werden diese Stufen am Beispiel einer fiktiven Sportart X ausführlicher dargestellt.

Aufmerksamkeit gegenüber der Sportart Gemäß dem PCM entwickelt ein Konsument zunächst Aufmerksamkeit gegenüber der Sportart X, was sich anhand verschiedener **Umwelteinflüsse** erklären lässt (vgl. Drengner 2013a, S. 105 f.). Zu den Einflussfaktoren gehört sowohl die nähere soziale Umwelt einer Person, wie beispielsweise Eltern und Freunde, als auch die weitere soziale Umwelt, die unter anderem die Zugehörigkeit zu einer bestimmten sozialen Schicht, den individuellen kulturellen Hintergrund oder mediale Einflüsse (z. B. Sportsendungen im Fernsehen) umfasst. Schließlich prägt auch die physische Umwelt die Aufmerksamkeit. Hierzu zählen insbesondere geographische Gegebenheiten am Wohnort einer Person sowie die dadurch bedingte sportbezogene Infrastruktur (z. B. Sportstätten, Radwege).

© Springer Fachmedien Wiesbaden 2015
J. Drengner, *Sport als Erlebnisrahmen im Eventmarketing*, essentials,
DOI 10.1007/978-3-658-07980-2_4

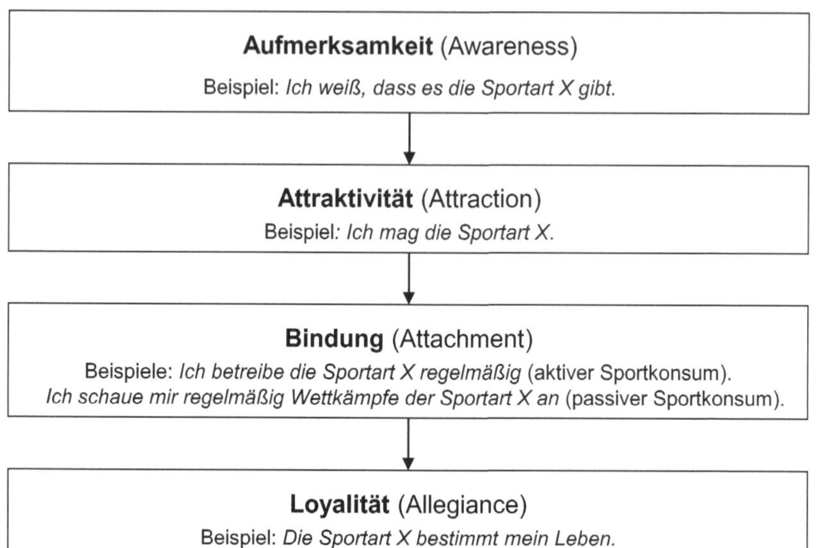

Abb. 4.1 Das Psychological Continuum Model. (Quelle: in Anlehnung an Funk und James 2001, S. 122)

Attraktivität der Sportart Die erhöhte Aufmerksamkeit gegenüber der Sportart X kann in einem nächsten Schritt dazu führen, dass diese für das Individuum ein gewisses Maß an Attraktivität gewinnt. Diese zweite Stufe des PCM ist erreicht, wenn die Person eine positive Einstellung gegenüber der Sportart entwickelt hat und sich dies in entsprechenden Verhaltensweisen des aktiven bzw. passiven Sportkonsums äußert (z. B. sporadisches Betreiben der Sportart, unregelmäßige mediale Rezeption von Veranstaltungen dieser Sportart). Erklären lässt sich das Entstehen von Attraktivität damit, dass das Individuum durch seinen Konsum bestimmte **Motive** befriedigen kann. Motive gelten als zeitlich stabile Bewertungsneigungen eines Menschen, durch die bestimmt wird, ob und in welchem Ausmaß ein Stimulus einen oder mehrere Anreize für das Verhalten erhält (vgl. Puca und Langens 2008, S. 193). Geht eine Person davon aus, dass eine Sportart einen oder mehrere Anreize für die Erfüllung ihrer Motive bietet, dann beeinflusst dies ihre Intention, sich intensiver mit dieser Sportart auseinanderzusetzen.

Zur Befriedigung dieser Motive kommt es, wenn die während des Konsums auftretenden **Erlebnisse** das Wohlbefinden des Individuums verbessern und damit als positiv bzw. **wertstiftend** empfunden werden. Dies ist beispielsweise der Fall, wenn eine Person den aktiven oder passiven Konsum der Sportart X als spannend oder begeisternd erlebt (emotionale Erlebniskomponente, vgl. Tab. 2.1) oder sie über diesen Weg soziale Kontakt knüpft bzw. pflegt (relationale Erlebniskomponente).

Bindung an die Sportart In der dritten Stufe des PCM entwickelt sich die Sportart X aufgrund des regelmäßigen aktiven und/oder passiven Konsums zu einem wichtigen **Teil der Identität** des Individuums. Die enge Bindung an die Sportart kann für den Konsumenten dabei mit mehreren Arten miteinander verknüpfter Bedeutungen einhergehen (vgl. Drengner 2013a, S. 132 ff.; Seippel 2006). So besitzt die Sportart X für ihn **funktionale Bedeutung**, wenn er sie als besonders geeignet ansieht, seine individuellen Ziele zu erreichen. Beispielsweise können Menschen durch regelmäßiges Sporttreiben ihre psychische und physische Gesundheit oder ihr körperliches Erscheinungsbild verbessern. Weiterhin bietet ihnen die sportliche Betätigung die Möglichkeit, die eigene Leistungsfähigkeit zu steigern sowie ihr Bedürfnis nach Bewegung oder bestimmten (außergewöhnlichen) sensorischen Erfahrungen zu stillen. Auch der passive Sportkonsum kann funktionale Bedeutung erlangen, wenn die Person die Sportart X als besonders passend beurteilt, um beispielsweise ihr Bedürfnis nach Ablenkung und Alltagsflucht zu befriedigen.

Ferner kann die Sportart X für den Konsumenten eine **emotionale Bedeutung** aufweisen, wenn sie in besonderem Maße geeignet ist, emotionale, kollektiv-emotionale oder transzendente Erfahrungen auszulösen (vgl. Drengner 2013a, S. 143 ff.). **Relationale Bedeutung** nimmt sie hingegen dann an, wenn er durch den aktiven oder passiven Konsum der Sportart soziale Kontakte aufbaut oder diese pflegt.

Letztlich bietet Sportkonsum vielfältige Möglichkeiten, die eigene Identität zu beeinflussen, weshalb die Sportart X für den Konsumenten schließlich eine **symbolische Bedeutung** erlangen kann. Dies lässt sich damit begründen, dass die Verhaltensweisen und Handlungen der mit der Sportart verknüpften Akteure (z. B. Verbände, Mannschaften, Sportler) das Bild der Sportart in der Öffentlichkeit prägen. In Anlehnung an das Meaning-Transfer-Modell von McCracken (1986) nutzen Individuen den aktiven oder passiven Konsum einer Sportart, um die mit der Sportart verknüpften Assoziationen auf die eigene Person zu übertragen. Dies ist beispielsweise beim aktiven Sportkonsum der Fall, wenn der Konsument durch den Gebrauch bestimmter Marken seine Zugehörigkeit zu einer Subkultur aus dem Bereich des Sports demonstriert (vgl. Wheaton 2000), um einen Bedeutungstransfer von dem Image der jeweiligen Sportart auf die eigene Person zu erreichen.

Gefolgschaft gegenüber der Sportart Auf einer vierten Stufe des PCM kann letztlich aus der Bindung eine **Gefolgschaft** bzw. Loyalität gegenüber der Sportart

X resultieren (vgl. Abb. 4.1). Es entsteht eine stabile, dauerhafte und gegenüber störenden Einflüssen resistente Verbindung des Selbstkonzepts mit der Sportart, die sich in starkem Commitment sowie konstantem Verhalten (z. B. regelmäßiges Training, regelmäßiger Besuch der Spiele eines Vereins) äußert. Das **Commitment** beschreibt dabei die Selbstverpflichtung des Konsumenten, seine Bindung an die Sportart auch zukünftig aufrecht zu erhalten. Der Unterschied zur dritten Ebene des PCM besteht darin, dass das Commitment auf eine hohe Stabilität der Bindung verweist, die das Individuum auch dann beibehält, wenn Gründe für deren Auflösung bestehen (vgl. Drengner 2013a, S. 164 f.). Bezüglich des passiven Sportkonsums wird das hohe Commitment meist in Form der sog. **Fan-Identität** konzeptualisiert (vgl. z. B. Gwinner und Swansson 2003; Fisher und Wakefield 1998), welche die innige Verbundenheit einer Person mit bestimmten Sportlern oder Mannschaften sowie die Bedeutung dieser Verbundenheit für das individuelle Selbstkonzept beschreibt (vgl. Beyer 2006, S. 97). Das Commitment äußert sich beispielsweise dann im Verhalten, wenn ein Fan seinem Lieblingsverein treu bleibt, auch wenn er mit dessen Leistung unzufrieden ist. Weiterhin belegen Solberg et al. (2010, S. 196), dass bei Personen mit einer starken Fan-Identität das sportliche Fehlverhalten ihres Idols (z. B. Doping) keine Schwächung der Loyalität gegenüber dem Sportler nach sich zieht.

Handlungsempfehlungen für die Inszenierung des Erlebnisrahmens

5.1 Überblick über die Elemente der Inszenierung

Zur Erreichung der für das Marketing-Event festgelegten Kommunikationsziele gilt es, die zu vermittelnde Botschaft so zu formulieren, dass diese die Aufmerksamkeit der anvisierten Zielgruppe erregt, von dieser aufgenommen und im beabsichtigten Sinne verarbeitet sowie gespeichert wird. Die dafür notwendige Botschaftsverschlüsselung erfolgt mit Hilfe der **Inszenierung**. Indem sie die zu vermittelnden Informationen und Bedeutungsinhalte absichtsvoll zuspitzt und dramatisiert, beeinflusst die Inszenierung das Potential der Veranstaltung, bei der Zielgruppe außergewöhnliche Erlebnisse und die damit verknüpften Kommunikationswirkungen (z. B. verstärkte Aktivierung) hervorzurufen (vgl. Drengner 2014; Wünsch 2012, S. 172). Im Gegensatz zum klassischen Theater bezieht sich die Inszenierung im Eventmarketing jedoch nicht ausschließlich auf die raumzeitlich begrenzte Durchführung einer Veranstaltung (Haupt-Event-Phase). Vielmehr umfasst sie auch die Kommunikation mit der Zielgruppe vor und nach der Veranstaltung. Da Unternehmen somit in der Pre- bzw. Post-Event-Phase über die Chance zusätzlicher, über die eigentliche Veranstaltung hinausgehender Kontaktpunkte zur Vermittlung ihrer Botschaft verfügen, gilt es eine **phasenübergreifende Inszenierung** zu entwickeln. Diese lässt sich erreichen, indem vor, während und nach der Veranstaltung zusätzliche Kommunikationsinstrumente (z. B. Mediawerbung, Social Media-Kommunikation, Direktmarketing) zum Einsatz kommen, um die Kommunikationswirkungen des Events zu verstärken.

© Springer Fachmedien Wiesbaden 2015
J. Drengner, *Sport als Erlebnisrahmen im Eventmarketing*, essentials,
DOI 10.1007/978-3-658-07980-2_5

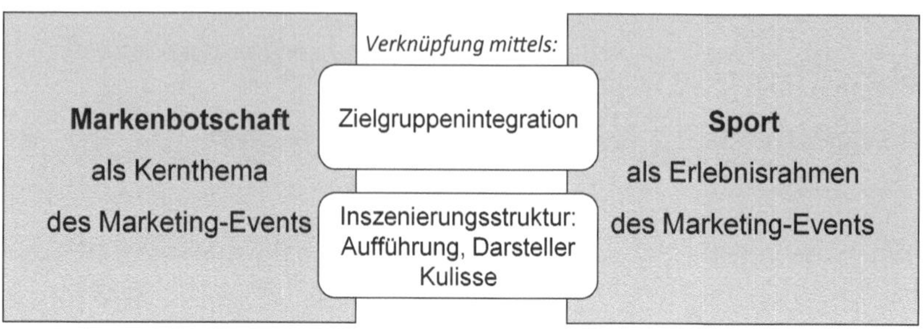

Abb. 5.1 Elemente der Inszenierung

Abbildung 5.1 fasst die wichtigsten Elemente der Inszenierung (vgl. Dreng-ner 2014, S. 127 ff.) zusammen, die in den folgenden Kapiteln noch ausführlicher erörtert werden. Im Zentrum steht die zu kommunizierende **Markenbotschaft**, welche das Kernthema des Events bildet. Das Thema Sport dient dabei als **Erlebnisrahmen**, in den die zu vermittelnden Informationen und Bedeutungsinhalte eingebettet werden. Das Element der **Zielgruppenintegration** betrifft die Art und Weise der Interaktion des Unternehmens mit seinen Zielgruppen während des Events, wobei die Einbindung der Adressaten in die Veranstaltung mittels aktiven oder passiven Sportkonsums oder über eine Kombination beider Formen erfolgen kann. Aufführung, Kulisse sowie Darsteller bilden schließlich die **Struktur der Inszenierung**. Sie beschreiben, was den Konsumenten während der Veranstaltung geboten wird:

- **Aufführung:** Die Aufführung betrifft alle für die Zielgruppe sichtbaren Handlungen des Unternehmens über alle Phasen der Inszenierung. Hierzu zählen beispielsweise die Einladung zum Event (Pre-Event-Phase), die aktive Beteiligung an einem sportlichen Leistungsvergleich während der Veranstaltung (Haupt-Event-Phase) oder der Erhalt eines Dankschreibens nach dem Ereignis (Post-Event-Phase). Eine wichtige Rolle spielt dabei die Dramaturgie der Veranstaltung, die den aufzuführenden Aktivitäten einen strukturierten Verlauf gibt (vgl. Sutterheim und Kaiser 2011, S. 348). Sie umfasst vor allem die zeitliche Verteilung von Höhepunkten während des Events, d. h. die Abfolge von Phasen der Spannung und Entspannung (vgl. Nickel und Esch 2007, S. 74; Wochnow-ski 1996, S. 30).
- **Darsteller:** Zu den Darstellern gehören alle in der Haupt-Event-Phase unmittelbar im Zentrum der Aufführung stehenden Personen. Nutzt ein Unternehmen das Thema Sport als Erlebnisrahmen, so übernehmen die aktiv teilnehmenden

Sportler die Rolle von „Hauptdarstellern", indem sie durch ihre Handlungen einen wesentlichen Beitrag zur Inszenierung des Events leisten. Darüber hinaus bildet die Gruppe der „Nebendarsteller" einen weiteren strukturellen Bestandteil der Inszenierung. Diese Personen haben aufgrund ihrer Tätigkeit ebenfalls Kontakt zum Publikum und prägen somit die Erlebnisse der Eventzielgruppen während der Veranstaltung. Hierzu zählen beispielsweise Moderatoren sowie das für die Gästebetreuung, für das Catering oder für die Gewährleistung der Sicherheit eingesetzte Personal.
- **Kulisse:** Die Kulisse bildet schließlich den physischen Rahmen, in dem in der Haupt-Event-Phase die Aufführung stattfindet und die Darsteller agieren. Sie umfasst alle sachbezogenen Produktionsfaktoren, wie beispielsweise die Veranstaltungsdestination (z. B. Land, Region, Stadt), die Veranstaltungsstätte (z. B. Firmengelände, Stadion), deren Dekoration, Beleuchtung sowie Beschallung aber auch die während des Events angebotenen Speisen und Getränke.

Mit einer optimalen Kommunikationswirkung der Veranstaltung ist dann zu rechnen, wenn es dem Unternehmen durch Gestaltung der Zielgruppenintegration sowie der Struktur der Inszenierung gelingt, die **Markenbotschaft mit dem Erlebnisrahmen möglichst eng zu verknüpfen** (vgl. Drengner 2013b, S. 70 f.; Zanger und Drengner 2009, S. 205). Dies kann zunächst auf direktem Weg erfolgen, indem die im Mittelpunkt des Events stehende Marke einen wichtigen Teil des sportlichen Geschehens bildet. Ein solches Vorgehen lässt sich vor allem von den Unternehmen relativ einfach umsetzen, die Produkte und Dienstleistungen auf dem Sportmarkt anbieten. Dies ist beispielsweise der Fall, wenn ein Sportler – ähnlich einem Testimonial in der Werbung – den Konsumenten während des Events aufgrund seines Expertenstatus die Vorzüge der Produkte eines Sportartikelherstellers oder der Angebote eines Sportdienstleisters (z. B. Fitnessstudio) nahebringt. Ist dies nicht möglich, empfiehlt sich eine indirekte Verknüpfung, bei der das Unternehmen im Sinne eines „Presenters" des sportlichen Geschehens auftritt. Beispiele hierfür liefert die Energy-Drink Marke *Red Bull*, die für eine Vielzahl ihrer Marketing-Events (z. B. *Red Bull Cliff Diving, Red Bull Air Race*) den Sport als Erlebnisrahmen einsetzt, ohne dass eine direkte Verbindung zwischen dem Produkt und der Sportart besteht. Möchte ein Unternehmen auf diesem Weg seine Markenbotschaft in den Erlebnisrahmen einbinden, sollte es bei der Inszenierung darauf achten, dass die Zielgruppe nicht ausschließlich das sportliche Geschehen, sondern auch die zu vermittelnden Kommunikationsinhalte wahrnimmt.

5.2 Auswahl des Erlebnisrahmens

5.2.1 Zielgruppenorientierung

Möchte ein Unternehmen Sport zur inhaltlichen Gestaltung des Erlebnisrahmens für ein Marketing-Event nutzen, so ist zunächst aufbauend auf dem im PCM zusammengefassten Wissen zu prüfen, ob die anvisierte Eventzielgruppe überhaupt über dieses Thema erreicht werden kann. Dazu sollte sie eine gewisse Bindung an den Sport im Allgemeinen bzw. an bestimmte Sportarten im Besonderen aufweisen. Demnach reicht es nicht aus, wenn die Zielgruppe lediglich Kenntnis über die Existenz einer oder mehrerer Sportarten besitzt (Stufe 1 des PCM; (vgl. Abb. 4.1)), vielmehr muss sie diese Sportarten auch als potentielle **Quellen zur Befriedigung ihrer individuellen Bedürfnisse bzw. Motive** wahrnehmen (Stufe 2 des PCM). Die Aufgabe des Eventmanagements besteht somit darin, Marketing-Events mit einem möglichst hohen Aufforderungscharakter zu kreieren. Ein solcher ist dann gegeben, wenn der Erlebnisrahmen und damit das Marketing-Event genügend Anreize bieten, die zur Motivstruktur der Zielgruppe passen (vgl. Beier 2001, S. 30 f.). Empirische Studien haben sowohl eine Vielzahl verschiedener Motive des passiven und des aktiven Sportkonsums (vgl. Drengner 2013a, S. 107 ff.) als auch Anreizpotentiale von Sportarten (vgl. Zanger und Schweizer 2004; Beier 2001) identifiziert, aus denen sich Hinweise zur Auswahl einer geeigneten Sportart ableiten lassen.

Bei der Auswahl von Sportarten zur Gestaltung des Erlebnisrahmens können sich Unternehmen weiterhin an deren **Neuigkeitsgrad** für die Zielgruppe orientieren. Dabei stehen ihnen die folgenden drei Alternativen zur Verfügung:

a. Gestaltung des Erlebnisrahmens durch den Einsatz einer der Zielgruppe bekannten und vertrauten Sportart unter Einhaltung des für die Sportart grundlegenden „Funktionsprinzip"
b. Gestaltung des Erlebnisrahmens auf Basis einer oder mehrerer der Zielgruppe bekannten und vertrauten Sportart(en) unter wesentlichen Veränderungen der Regeln und Konventionen der Sportart(en)
c. Gestaltung des Erlebnisrahmens mittels einer Sportart, die die Zielgruppe nicht kennt

Ein Beispiel für **Alternative (a)** sind Straßenfußball-Turniere, bei denen im Vergleich zur klassischen Wettkampfvariante des Fußballs zwar durchaus Regeländerungen erfolgen (z. B. bzgl. der Größe des Spielfeldes sowie der Anzahl der Spieler), jedoch das grundlegende Prinzip des sportlichen Leistungsvergleiches bestehen bleibt. Der Vorteil liegt hier vor allem darin, dass die Zielgruppe aufgrund ihrer bereits bestehenden Vertrautheit mit der Sportart (Stufe 2, 3 oder 4 des PCM) relativ einfach für die Veranstaltung interessiert werden kann. Dies gilt insbesondere dann, wenn Unternehmen solche Sportarten aufgreifen, die aufgrund aktuell stattfindender Sportgroßveranstaltungen (z. B. Fußball-Welt- und Europameisterschaften, Olympische Spiele) temporär besondere Popularität genießen.

Alternative (b) lässt sich beispielhaft anhand des Events *Red Bull Crashed Ice* illustrieren, dessen Erlebnisrahmen eine Sportart bildet, die auf einer Kombination von Eishockey, Eisschnelllauf und Abfahrtslauf basiert (vgl. Gorse et al. 2010, S. 353). **Alternative (c)** können Unternehmen dadurch umsetzen, indem sie auf bereits existente, der Zielgruppe jedoch unbekannte Sportarten zur Gestaltung des Erlebnisrahmens zurückgreifen (z. B. Sportarten aus anderen Ländern). Weiterhin ist es möglich, eine komplett neue Sportart für das Event zu entwickeln.

Im Gegensatz zur Alternative (a) bieten die Alternativen (b) und (c) neuartige Reize, welche bei der anvisierten Zielgruppe Neugier wecken können und somit das Erlebnispotential des Events positiv beeinflussen. Begründen lässt sich dies mit verhaltenswissenschaftlichen Erkenntnissen, wonach Menschen in ihrem Leben nach einem **optimalen Level an Stimulation** durch Umweltreize streben (vgl. Steenkamp und Baumgartner 1992). Liegt demnach die Aktivierung einer Person durch externe Stimuli unterhalb ihres individuellen Optimums, so sucht sie aktiv nach neuen und ungewohnten Erlebnissen, um das von ihr erwünschte Erregungsniveau zu erreichen. Für solche Konsumenten besitzen Marketing-Events der Kategorien (b) und (c) aufgrund ihrer Neuartigkeit somit ein besonders hohes Potential zur Befriedigung des Bedürfnisses nach optimaler Stimulation.

Dabei gilt es jedoch zu berücksichtigen, dass im Fall von Variante (c) bei der Zielgruppe noch keinerlei Vertrautheit zur Sportart besteht und diese erst entlang der Stufen des PCM entwickelt werden muss. Dies geht mit einem vergleichsweise hohen finanziellen Aufwand für das Unternehmen einher und birgt aufgrund der nicht vorhandenen Bindung der Konsumenten an die neue Sportart das Risiko des Scheiterns in sich. Darüber hinaus zeigen Forschungen, dass ein zu großes Maß an neuartigen Stimuli zur Überforderung des Individuums führen kann, weshalb eine optimale Erlebniswirkung bei einem **moderaten Niveau an neuartigen Reizen** zu erwarten ist (vgl. Steenkamp und Baumgartner 1992; Berlyne 1974, S. 42). Zusammenfassend erscheint somit insbesondere Alternative (b) als Ausgangspunkt für die Gestaltung eines von den Zielgruppen als attraktiv empfundenen Erlebnisrahmens geeignet. Dies zeigt auch das Beispiel des *Red Bull Crashed Ice*, bei dem das veranstaltende Unternehmen aus drei bekannten Sportarten (jeweils Stufe 2 oder höher des PCM) eine neuartige Sportart mit vertrauten Elementen entwickelt hat.

5.2.2 Zielorientierung

Weiterhin zu prüfen, dass sich die zur Gestaltung des Erlebnisrahmens gewählte Sportart überhaupt zur Erreichung der gesetzten **Kommunikationsziele** eignet. Will beispielsweise ein Unternehmen zur Steigerung der **Bekanntheit** einer Marke besonders viele Konsumenten ansprechen, kommen hierfür vor allem bereits etablierte Sportarten mit breiter gesellschaftlicher Akzeptanz (z. B. Fußball in Deutschland) infrage (Alternative (a)). Da in der Praxis jedoch meist mehrere Marken mit ihren Kommunikationsmaßnahmen auf solche populären Sportarten zurückgreifen, besteht gleichzeitig das Risiko, dass die Zielgruppen die Marketing-Events der einzelnen Marken als austauschbar wahrnehmen (vgl. Sachse und Drengner 2010, S. 41). Deshalb gilt es bei der Auswahl einer konkreten Sportart auch die Zahl der Unternehmen zu beachten, die diese Sportart bereits für ihre Kommunikation einsetzen. Weiterhin lässt sich dieses Risiko eines austauschbaren Erlebnisrahmens durch die bereits diskutierten Alternativen (b) und (c) minimieren. Gelingt es dabei, die neue Sportart bei den Zielgruppen zu popularisieren, kann das veranstaltende Unternehmen nicht nur eine exklusive Position gegenüber seinen Wettbewerbern einnehmen, sondern genießt aufgrund seines frühzeitigen Engagements ein hohes Maß an Glaubwürdigkeit und Authentizität, was wiederum die Erreichung der gesetzten Kommunikationsziele fördert (vgl. Drengner 2013a, S. 286 f.).

Besteht das Ziel in der **Beeinflussung des Images** einer Marke, muss bei der Gestaltung des Erlebnisrahmens geprüft werden, welche Inhalte die Zielgruppen mit der in Frage kommenden Sportart verknüpfen. Da sich die mit dem Erlebnisrahmen verknüpften Bedeutungen während des Events über Transferprozesse auf die Marke übertragen (vgl. Drengner 2008; McCracken 1986), sollten nur solche Sportarten zum Einsatz kommen, die die vom Unternehmen gewünschten Assoziationen (z. B. Dynamik, Erfolg, Spannung) besitzen.

Weiterhin können Unternehmen mittels Eventmarketing **Kundenbeziehungen** aufbauen und pflegen (vgl. Drengner 2013b). Da Beziehungen immer auf den Interaktionen der jeweiligen Partner basieren (vgl. Fournier 1998, S. 346), sollten insbesondere solche Sportarten zur Gestaltung des Erlebnisrahmens eingesetzt werden, die Interaktionen zwischen dem Unternehmen bzw. seinen Leistungen und der Zielgruppe ermöglichen.

Eine wichtige Variable, die die Erreichung verschiedener Kommunikationsziele (z. B. Steigerung der Bekanntheit, Imagetransfer) beeinflusst, ist die **Passfähigkeit** zwischen dem Erlebnisrahmen und dem Objekt, welches im Mittelpunkt des Events steht (vgl. Drengner 2013a, S. 245 ff.). Somit sollten Unternehmen zur Gestaltung des Erlebnisrahmens eine Sportart wählen, die die anvisierte Zielgruppe als passend zur Marke bewertet (vgl. Drengner et al. 2004, 2011).

Letztlich hängt der Kommunikationserfolg davon ab, dass die Zielgruppe den Erlebnisrahmen als authentisch beurteilt. **Authentizität** liegt dann vor, wenn eine Person das Handeln des Unternehmens als aufrichtig, wirklich oder wahrhaftig empfindet (vgl. Beverland und Farrelly 2010, S. 838 f.). Die Wahrung von Authentizität gilt es insbesondere bei den Alternativen (a) und (b) zu beachten, wenn die Zielgruppe die in Frage kommende Sportart bereits mit einem relativ stabilen Repertoire an Ritualen (z. B. etablierte Fangesänge im Fußball) und symbolischen Objekten (z. B. Farben, Logos) verknüpft. In solchen Fällen sollten sich diese symbolischen Bedeutungsinhalte in der Gestaltung der Inszenierungsstruktur (Aufführung, Darsteller, Kulisse) wiederfinden, um die Sportart möglichst authentisch zu inszenieren und nicht den Unmut der Konsumenten über eine vermeintliche Kommerzialisierung „ihres Sports" auf sich zu ziehen (vgl. Drengner 2013a, S. 286 f.; Schlesinger 2008, S. 128 f.).

5.3 Gestaltung der Zielgruppenintegration

Im Anschluss an die Auswahl des Erlebnisrahmens gilt es zu entscheiden, ob die potentiellen Eventteilnehmer während der geplanten Veranstaltung mittels aktiven oder passiven Sportkonsums oder über eine Kombination beider Formen für die Markenbotschaft aktiviert werden sollen (vgl. Drengner 2014, S. 129). Eine aktive Integration liegt vor, wenn sich die Zielgruppe durch aktiven Sportkonsum – also mit eigenen sportlichen Leistungen – an dem Event beteiligt. Dies kann einerseits durch **aktive kompetitive Integration** erfolgen, bei der sich die Teilnehmer in Form eines Leistungsvergleichs anhand verschiedener Kriterien miteinander messen (vgl. Tab. 5.1). Andererseits besteht die Möglichkeit, die Zielgruppe über eine **aktive nicht-kompetitive Integration** in das Event einzubinden. In diesem Fall steht nicht die sportliche Auseinandersetzung mit einem Gegner im Mittelpunkt, sondern das gemeinsame Erlernen und/oder Ausüben einer Sportart zur Befriedigung von Bedürfnissen, wie beispielsweise Spaß und Freude, Stärkung der Gesundheit oder Gewichtsabnahme.

Bei einer Integration mittels passiven Sportkonsums beobachtet die Eventzielgruppe als Zuschauer die Leistungsvergleiche zwischen Sportlern bzw. Sportteams. Dies können Wettkämpfe sowohl im Bereich des Leistungs- und Spitzensports als auch im Freizeit- und Breitensport sein. Sind die Zuschauer persönlich vor Ort anwesend, handelt es sich um eine **reaktive Integration** der Zielgruppe in die Veranstaltung, indem diese durch Beifall, Jubel, Gesänge, veranstaltungsspezifische Rituale (z. B. La-Ola-Wellen) und ähnliches auf das Eventgeschehen reagiert. Unternehmen können solche Publikumsreaktionen gezielt durch die Gestaltung der

Tab. 5.1 Kriterien zur Bewertung sportlicher Leistungen. (Quelle: Kurz 1990, S. 89 f.)

Kriterium	Kurzbeschreibung
Zeitminimierung	Der Sportler versucht eine vorab definierte Strecke mit festgelegten Eigenschaften (z. B. Hindernisse) in einer definierten Bewegungsform in möglichst kurzer Zeit zurückzulegen (z. B. Schwimmen, Radsport, Marathon)
Treffermaximierung	Die Aufgabe des Sporttreibenden besteht darin, ein Objekt unter definierten Bedingungen in einer bestimmten Zeit oder Anzahl von Versuchen möglichst oft oder genau in ein definiertes Ziel zu bringen (z. B. Fußball, Schießsport, Fechten)
Gestaltoptimierung	Der Sportler muss seine Bewegungen unter festgelegten Bedingungen einer als ästhetisch oder korrekt eingestuften Gestalt annähern (z. B. Turnen, Eiskunstlauf, Turmspringen)
Distanzmaximierung	Die sportliche Betätigung zielt darauf ab, ein Gerät oder den Sportler selbst mit einer definierten Bewegung bzw. Bewegungskombination in einer bestimmten Richtung (meist Höhe oder Weite) in möglichst große Entfernung zum Ausgangspunkt zu bringen (z. B. Weit- und Hochsprung, Skispringen, Speerwurf)
Lastmaximierung	Der Sportler muss mit einer festgelegten Bewegung eine möglichst schwere Last in eine definierte Endposition bringen (z. B. Gewichtheben)
Positionserzwingung	Zwei Sportler versuchen einander gegen ihren Widerstand in eine definierte Endposition zu bringen (z. B. Ringen, Judo)

Inszenierungsstruktur (Aufführung, Darsteller, Kulisse) fördern. Hierzu zählt beispielsweise der Einsatz von Moderatoren oder Stadionsprechern (Darsteller), die das Publikum zu bestimmten rituellen Handlungen (Aufführung) animieren. Eine weitere Möglichkeit besteht in der baulichen Gestaltung der Veranstaltungsstätte (Kulisse), indem die meist übliche räumliche Trennung zwischen Sportlern und Zuschauern minimiert wird, was die Interaktionen zwischen Hauptdarstellern und Konsumenten intensiviert (vgl. Schlesinger 2008, S. 126 f.).

Erfolgt schließlich eine mediale Übertragung des Events über einseitige Kommunikationskanäle, wie beispielsweise das Fernsehen oder das Internet (Livestream), so handelt es sich um eine **passiven Integration** der Zielgruppe. In diesem Fall nehmen die Konsumenten die Aufführung wahr und verarbeiten die gebotenen Inhalte, verfügen jedoch im Gegensatz zu den beiden anderen o. g. Formen über keinerlei Möglichkeit, als Co-Produzenten in die Inszenierung einzugreifen. Trotz dieser Beschränkung bietet ein solches Vorgehen die Chance, das Event räumlich sowie zeitlich auszudehnen, was letztlich die Reichweite der zu vermittelnden Botschaft erhöht.

Im Rahmen der Inszenierung lassen sich diese verschiedenen Arten der Integration miteinander **kombinieren**. So können Unternehmen ihre Zielgruppen selbst entscheiden lassen, ob sie als (aktive) Teilnehmer zu Hauptdarstellern des Events werden oder ob sie lieber als (passive) Zuschauer den sportlichen Aktivitäten anderer Konsumenten vor Ort oder mit Hilfe eines Mediums beiwohnen.

Durch die bewusste Gestaltung der Zielgruppenintegration können Unternehmen das **Erlebnispotential** ihres Events beeinflussen. Dies gilt insbesondere für die **relationale Erlebniskomponente**, da das Auftreten eines tiefen, temporär begrenzten Gemeinschaftsempfindens (Communitas) vor allem von den Interaktionen zwischen den beteiligten Personen abhängt (vgl. Arnould und Price 1993). Im Rahmen der Inszenierung empfiehlt sich somit zunächst eine aktive Zielgruppenintegration mittels Mannschaftssportarten, da die Konsumenten in diesem Fall eine konkrete Aufgabe (Erreichen eines sportlichen Ziels) gestellt bekommen, deren erfolgreiche Lösung zwangsweise an soziale Interaktionen gebunden ist. Darüber hinaus erscheinen jedoch auch die anderen beiden Formen der Zielgruppenintegration geeignet, um Gemeinschaftserlebnisse anzustoßen, wie das kollektive „Mitfiebern" von Fans im Stadion (reaktive Integration) oder bei Public Viewing-Veranstaltungen (passive Integration) beispielhaft belegen. Wichtig ist bei allen drei Formen der Integration, dass zwischen den Betroffenen keine zu starken divergierenden Interessenskonflikte auftreten (z. B. Unterstützung unterschiedlicher Sportteams), die gemeinsame Handlungen (z. B. Gesänge) einschränken könnten. Da außerdem eventuell vorhandene soziale Unterschiede zwischen den Konsumenten das Auftreten von Communitas behindern (vgl. McGinnis et al. 2012, S. 476), sollten Unternehmen Maßnahmen ergreifen, um solche Divergenzen zu minimieren. Dies kann zunächst durch die Auswahl einer möglichst homogenen Teilnehmerstruktur (z. B. hinsichtlich soziodemographischer oder sozialer Merkmale) geschehen. In diesem Fall bewegen sich die eingeladenen Personen in einem ihnen vertrauten sozialen Umfeld, was deren Bereitschaft erhöht, angestammte Rollen zu verlassen (vgl. Sistenich 1999, S. 188 ff.) und sich Gemeinschaftserlebnissen hinzugeben. Weiterhin minimiert das Tragen einheitlicher Sportbekleidung sowie die gemeinsame Durchführung von Ritualen soziale Unterschiede.

Wie bereits erwähnt, belegen mittlerweile eine Vielzahl empirischer Analysen, dass Flow-Erlebnisse insbesondere beim aktiven Sporttreiben auftreten können. Wollen Unternehmen mit Hilfe der **transzendenten Komponente** außergewöhnliche Erlebnisse bei den Adressaten ihrer Veranstaltung hervorrufen, empfiehlt sich somit hauptsächlich eine aktive Zielgruppenintegration.

5.4 Gestaltung der Inszenierungsstruktur

5.4.1 Aufführung

5.4.1.1 Pre-Event-Phase

Die Aufführung umfasst alle eventbedingten Kontakte der Konsumenten mit dem Unternehmen im Rahmen der **phasenübergreifenden Inszenierung**. Somit gilt es nicht nur die eigentliche Umsetzung der Veranstaltung (Haupt-Event-Phase) zu berücksichtigen, sondern auch die Zielgruppenkontakte vor und nach der Veranstaltung (Pre- und Post-Event-Phase).

In der Pre-Event-Phase besteht die Hauptaufgabe der Inszenierung darin, die Zielgruppen über die Veranstaltung zu informieren sowie zu einem Besuch des Events zu bewegen. Dies erfolgt mit Hilfe verschiedener Kommunikationsinstrumente, wie der Mediawerbung (z. B. Anzeigen), der Social Media-Kommunikation (z. B. Veranstaltungsankündigungen bei *Facebook*), der Öffentlichkeitsarbeit (z. B. Pressemitteilungen) oder des Direktmarketing (z. B. persönliche Einladung). Für eine optimale inhaltliche Gestaltung dieser Maßnahmen ist fundiertes Wissen über die **Motive** der Zielgruppen notwendig (Stufe 2 des PCM). Indem das Unternehmen im Vorfeld deutlich macht, dass seine Veranstaltung eine den Motiven ihrer Zielgruppen entsprechende Anreizstruktur besitzt, beeinflusst es die Attraktivität des Events und damit die Wahrscheinlichkeit einer Veranstaltungsteilnahme positiv.

Treten **prominente Sportler** in der Haupt-Event-Phase als Hauptdarsteller auf, so sollten diese Protagonisten auch in der Kommunikation in der Pre-Event-Phase zum Einsatz kommen, um das Interesse der potentiellen Eventbesucher steigern. Weiterhin lässt sich im Vorfeld Spannung aufbauen, indem **Konflikte** zwischen den beteiligten Sportlern medial aufbereitet werden, um die Begegnung der Protagonisten als Duell zu inszenieren (vgl. Horky 2001, S. 116).

Generell ist im Rahmen der Kommunikation zu beachten, dass das Event die in der Pre-Event-Phase bei der Zielgruppe geweckten Erwartungen letztlich auch befriedigt. Gelingt dies nicht, besteht nach Abschluss der Veranstaltung die Gefahr der **Unzufriedenheit** der Eventteilnehmer, was sich negativ auf das Erreichen der gesetzten Kommunikationsziele auswirken kann.

5.4.1.2 Haupt-Event-Phase

Der Schwerpunkt der Aufführung bezieht sich auf die Durchführung der Veranstaltung vor Ort. Im Folgenden werden Empfehlungen zur Stärkung des Erlebnispotentials der Aufführung in der Haupt-Event-Phase gegeben.

Einsatz von Leistungsvergleichen Wie bereits erörtert, müssen Unternehmen darüber entscheiden, ob in der Haupt-Event-Phase ein expliziter Leistungsvergleich zwischen den Hauptdarstellern stattfindet oder ob die Zielgruppen anderweitig mit dem Thema Sport in Kontakt kommt (z. B. Erlernen einer neuen Sportart). Ein besonders hohes Potential für außergewöhnliche Konsumerlebnisse besitzt Sport vor allem dann, wenn Leistungsvergleiche zwischen den Hauptdarstellern stattfinden. Sowohl bei den am Wettkampf beteiligten Sportlern als auch bei den Zuschauern wirkt sich die dabei entstehende Spannung und Dramatik unmittelbar auf die **emotionale Erlebnisfacette** aus. Dies liegt zunächst darin begründet, dass die Darsteller motiviert sind, den Wettkampf für sich zu entscheiden. Treten während der Auseinandersetzung Ereignisse ein, die dies befördern (z. B. Schießen eines Tores), oder wird das gesetzte Ziel letztlich auch erreicht (Gewinnen des Wettkampfes), erlebt der Sportler intensive positiven Emotionen, wie Euphorie, Freude oder Stolz. Verfehlt die Person hingegen ihr Ziel, führt dies zu negativen Emotionen, wie Enttäuschung, Niedergeschlagenheit oder Wut. Ergreifen die Zuschauer Partei für einen der aktiven Protagonisten, dann lassen sich solche affektiven Reaktionen auch bei dieser Gruppe beobachten (vgl. Drengner 2013a, S. 147). Ein weiterer Grund für das hohe Emotionalisierungspotential bei Leistungsvergleichen liegt in der Unvorhersehbarkeit des Ergebnisses der sportlichen Auseinandersetzungen. So zeigen Vosgerau et al. (2006) in einer Studie, dass Menschen Live-Übertragungen von Sportveranstaltungen aufgrund der damit verbundenen Ergebnisoffenheit als emotional aufregender empfinden als den Konsum einer Aufzeichnung der gleichen Veranstaltung, auch wenn sie dabei über keinerlei Informationen über das Wettkampfergebnis verfügen. Demnach beeinträchtigt schon das Wissen darüber, dass ein Leistungsvergleich bereits entschieden wurde, das emotionale Erleben.

Dies zusammenfassend können Unternehmen das Potential ihres Events für außergewöhnliche emotional geprägte Erlebnisse beeinflussen, indem sie **Leistungsvergleiche** in den Mittelpunkt ihrer Veranstaltung stellen. Außerdem sollten sie auf ein **vergleichbares Leistungsniveau** der miteinander konkurrierenden Sportler bzw. Teams achten, um die Gefahr einer frühzeitigen Entscheidung des Wettkampfes zu minimieren. Beide Handlungsempfehlungen gelten dabei sowohl für die aktive Einbindung der Zielgruppe in das Eventgeschehen (aktive kompetitive Integration) als auch dann, wenn die Adressaten des Events die Rolle von Zuschauern einnehmen (reaktive und passive Integration).

Gestaltung von Regeln und Normen Die Ausübung von Sportarten ist per se an die Einhaltung bestimmter, die jeweilige Sportart konstituierende Regeln geknüpft. Diese Normen müssen der Zielgruppe zunächst bekannt sein, um – bei aktiver Integration – die Sportart selbst ausüben bzw. – im Fall reaktiver oder passiver

Integration – den Handlungen der Hauptdarsteller folgen zu können. Somit sollten sowohl die Regeln der Sportart als auch die Bewertung des Erfolgs der sportlichen Handlungen (z. B. anhand von Punkten, Zeiten, Höhen) für die Eventbesucher eine hohe **Transparenz** und Nachvollziehbarkeit besitzen. Dies kann beispielsweise durch aufklärende Kommunikationsmaßnahmen vor der Veranstaltung, durch leicht nachvollziehbare Regeln oder durch die Moderation während des Events erreicht werden.

Wie bereits hinsichtlich der Gestaltung des Neuigkeitsgrades des Erlebnisrahmens erörtert, bietet die **Veränderungen von tradierten Normen und Regeln** der zur Gestaltung des Erlebnisrahmens gewählten Sportart weiteres Emotionalisierungspotential. Während im klassischen Wettkampfsport das Handeln der beteiligten Sportler durch zahlreiche, für die jeweilige Sportart eindeutig definierte Normen (z. B. bzgl. Spieldauer, Zählweise, Feldgrößen) reguliert wird, können Unternehmen im Rahmen des Eventmarketing diese Bestimmungen kreativ verändern, um mehr Dramatik und Spannung zu erreichen (Alternative (b)). Anknüpfungspunkte insbesondere zur Beeinflussung der emotionalen sowie der kollektiv-emotionalen Erlebnisfacette bieten dabei die folgenden Faktoren (vgl. Horky 2001, 2009; Schwier und Schauerte 2009; Schlesinger 2008, 2010):

- Die **Wettkampfstruktur** betrifft die Art und Weise der Auseinandersetzung zwischen den Sportlern, wobei sich ein Gegeneinander (z. B. Fußball, Boxen), ein Nebeneinander (z. B. 100-Meter-Lauf) oder ein Hintereinander der Kontrahenten (z. B. Bob-Sport) unterscheiden lassen. Vor allem das Gegeneinander gilt aufgrund der unmittelbaren Konfrontation der Rivalen sowie der einfachen und schnellen Nachvollziehbarkeit des aktuellen Standes des Wettkampfes (z. B. Spielstand) als besonders spannungsgeladen. Bei den anderen beiden Typen der Wettkampfstruktur kann das Emotionalisierungspotential dadurch beeinträchtigt sein, dass die Entscheidung über Sieg oder Niederlage nicht immer sofort sichtbar ist, da zusätzliche Informationen benötigt werden (z. B. Messung von Entfernungen) oder der Sieger erst am Wettkampfende feststeht.
- Das Spannungspotential der Aufführung lässt sich auch durch die **Verlaufsform** steuern, die den Einfluss des Zufalls auf den weiteren Verlauf der sportlichen Auseinandersetzung betrifft. Beruht das sportliche Geschehen auf Unwägbarkeiten (z. B. Elfmeterschießen, Strafzeiten beim Biathlon), so bietet dies mehr Spannung als bei Sportarten, bei denen ab einem bestimmten Zeitpunkt kaum noch Veränderungen des Geschehens zu erwarten sind.
- Die **Variabilität** umfasst die Bewegungsspielräume, über die die Sportler verfügen. Dabei gelten vor allem solche Sportspiele als besonders emotionalisierend, die ein hohes Bewegungs- bzw. Variationspotential aufweisen (z. B. Handball).

- Eng mit der Variabilität ist die **Aktionsdichte** verknüpft, welche sich auf die Anzahl der sportlichen Bewegungen während eines Wettkampfes bezieht. Je mehr sportliche Handlungssequenzen dabei auf einem engen Raum stattfinden, um so spannender empfindet das Publikum diese Aktionen. Dies lässt sich beispielsweise durch Vereinfachung der Regeln sowie die Verkleinerung der Spielflächen gekoppelt mit einer Verkürzung der Spielzeit erreichen (z. B. Beachsoccer).

Vermutlich wirken sich die hier aufgeführten Empfehlungen zur Gestaltung von Regeln und Normen nicht nur förderlich auf die emotionale sowie die kollektiv-emotionale Erlebnisfacette aus, sondern auch auf die **relationale Komponente**. Dies liegt darin begründet, dass das Erleben eines spannenden Wettkampfes verbunden mit sportspezifischen Interaktionen zwischen den Betroffenen (z. B. Fangesänge, gegenseitiges Anfeuern) auch das Auftreten von Communitas unterstützt (vgl. Fairley und Tyler 2012).

Unterstützung von Flow-Erlebnissen Schließlich können Unternehmen das Potential ihres Events für außergewöhnliche Konsumerlebnisse über die **transzendente Erlebniskomponente** beeinflussen. Handlungsempfehlungen lassen sich dabei vor allem aus Erkenntnissen der Forschungen zu den Auslösern des Flow-Erlebens im Rahmen des aktiven Sportkonsums (aktive Zielgruppenintegration) ableiten (vgl. Drengner 2008, S. 248 f., 2013a, S. 336 f.):

- Eine erste Voraussetzung für das Auftreten von Flow besteht darin, dass die durchzuführende sportliche Aktivität für das Individuum eine **eindeutige Handlungsstruktur** besitzt. Weiß die Person, welche Ziele sie während der Veranstaltung erreichen soll und welche Mittel ihr dazu zur Verfügung stehen, erleichtert dies ihre Konzentration auf die Handlung. Somit sollten die Eventteilnehmer konkrete und für sie leicht verständliche Informationen darüber erhalten, was sie während des Events zu tun haben (z. B. in Form von Spielregeln). Zusätzlich bietet es sich an, eine äußere Kontrollinstanz einzuführen (z. B. Schiedsrichter), die die Einhaltung der Regeln überwacht.
- Flow-Erleben entsteht häufig erst dann, wenn die handelnde Person **eindeutige Rückmeldungen** über den Erfolg bzw. Misserfolg ihrer Tätigkeit erhält. Dieses Feedback bietet der Sport einerseits in Form von Spielständen. Andererseits können die bereits erwähnten Kontrollinstanzen den Sportler darüber informieren, inwieweit er sich in dem entsprechenden Kontext richtig oder falsch verhält.

- Eine weitere Bedingung des Flow-Erlebens ist die vom Handelnden subjektiv wahrgenommene **Übereinstimmung der eigenen Fähigkeiten mit den Anforderungen der jeweiligen Aktivität**. Interagieren die Konsumenten während des Events in Form eines Wettstreits miteinander, kann die Auswahl ebenbürtiger sportlicher Kontrahenten das Flow-Potential positiv beeinflussen. Dies lässt sich beispielsweise dadurch erreichen, indem das Unternehmen die Eventteilnehmer vor dem Leistungsvergleich gemäß ihren Fähigkeiten verschiedenen Leistungsgruppen zuteilt. Weiterhin sollte das während der Veranstaltung eingesetzte Personal geschult sein, die Veranlagungen und Leistungsfähigkeit der Eventbesucher zu erkennen. Gelingt dies, so können während Veranstaltung die Schwierigkeiten der jeweiligen sportlichen Aufgabenstellung an die Fähigkeiten der Teilnehmer angepasst werden. Handelt es sich dabei um Aufgaben, bei denen die Konsumenten sukzessiv ihre Fähigkeiten verbessern, sollten die Anforderungen während der Veranstaltung dem Lernfortschritt entsprechend gesteigert werden, um ein kontinuierliches Erleben von Flow zu ermöglichen. Zusätzlich können den Eventteilnehmern Problemlösungshilfen zur Verfügung gestellt werden, die die Bewältigung der jeweiligen Aufgabe unterstützen (z. B. Hinweise zur besseren Beherrschung eines Sportgeräts durch Trainer).
- Schließlich sollten Unternehmen darauf achten, dass während des Events keine **ablenkenden Reize** (z. B. Lärm) auftreten, die den Konsument die Konzentration auf die auszuübende Sport erschweren.

Verknüpfung des Sports mit einem Rahmenprogramm Sportliche Aktivitäten tragen per se die Möglichkeit des Scheiterns in sich. Generell gelten die damit einhergehenden Emotionen, wie Ärger, Enttäuschung oder Wut, als akzeptierter Bestandteil des Sports, wobei Menschen sogar bewusst durch aktiven und passiven Sportkonsum solche **negativen emotionalen Erlebnisse** suchen (vgl. Drengner 2013a, S. 152 ff.; Andrade und Cohen 2007). Dennoch besteht die Gefahr, dass solche Gefühle das Erlebnispotential des Events mindern oder sich negativ auf die Beurteilung der Veranstaltung oder die Marke auswirken (vgl. Drengner 2008, S. 213 ff.). Unabhängig von der Art der Zielgruppenintegration bietet es sich zur Begrenzung dieser Effekte an, das sportliche Geschehen mit einem positiv emotionalisierenden Rahmenprogramm mit hohem Erlebnispotential zu verknüpfen (vgl. Schlesinger 2008, S. 124 f.). Inhaltlich sollten solche Angebote nicht nur zur Marke und zu den Bedürfnissen der Zielgruppe, sondern auch zur Sportart passen, um Irritationen und Zweifel an der Glaubwürdigkeit der Inszenierung bei der Zielgruppe zu vermeiden. Erreichen lässt sich dies, indem das Unternehmens stilistische Entwicklungen und Trends aus dem Umfeld der Sportart für die Inszenierung der Aufführung aufgreift. So könnte beispielsweise ein Event, welches Snowboarden als Erlebnisrahmen nutzt, auf Elemente der HipHop-Kultur zurückgreifen (z. B. in Form eines Freestyle Rap-Contests oder eines Graffiti-Wettbewerbs).

5.4.1.3 Post-Event-Phase

In der Post-Event-Phase erfolgt die **kommunikative Aufbereitung der Veranstaltungsinhalte**, indem diese mittels verschiedener Kommunikationsinstrumente den Zielgruppen nach dem Event zur Verfügung gestellt werden. Da es beim Eventmarketing um die Erreichung konkreter Kommunikationsziele geht, sollte dabei zunächst die zu vermittelnde Markenbotschaft im Mittelpunkt stehen. Dies kann das Unternehmen beispielsweise dadurch erreichen, indem es die bereits während des Events kommunizierten markenbezogenen Informationen und Bedeutungsinhalte in seinen Kommunikationsmaßnahmen in der Post-Event-Phase aufgreift und vertieft. Darüber hinaus gilt es auch den gewählten Erlebnisrahmen – also die sportlichen Inhalte der Veranstaltung – zu berücksichtigen. Hier können beispielsweise Endergebnisse von Leistungsvergleichen oder Fotos vom Event zur inhaltlichen Gestaltung der Kommunikationsmaßnahmen genutzt werden.

Auf **instrumentaler Ebene** lassen sich diese Inhalte beispielswiese in Form von Zeitungs- oder TV-Berichten vermitteln. Sind die Adressaten namentlich bekannt, empfehlen sich außerdem individuelle Kommunikationsmaßnahmen, wie persönliche Dankschreiben oder die nachträgliche Übergabe von Videos oder Bildern von der Veranstaltung durch Außendienstmitarbeiter. Weiterhin lassen sich Social Media-Plattformen, wie beispielsweise soziale Netzwerke (z. B. *Facebook*, *Google+*), Content Communities (z. B. *YouTube*, *Instagram*) oder Mikroblogs (z. B. *Twitter*), einsetzen. Da Unternehmen auf diesem Weg mit ihren Zielgruppen in einen Dialog treten können, bieten diese Plattformen eine Vielzahl von Möglichkeiten zur Optimierung der Kommunikationswirkungen (vgl. Jahn und Zanger 2013; Zanger 2013). So können beispielweise mit dem Ziel der passiven Zielgruppenintegration Videoaufzeichnungen der Veranstaltung auf *YouTube* platziert werden. Weiterhin bilden die o. g. Plattformen eine wichtige Datenquelle für das Eventcontrolling, wenn die Nutzer freiwillig über ihre Erlebnisse während des Events in Form von Kommentaren berichten (vgl. Drengner et al. 2013).

5.4.2 Darsteller

Die Gruppe der **Hauptdarsteller** umfasst alle am Marketing-Event aktiv teilnehmenden Sportler. Hat sich das eventveranstaltende Unternehmen für eine aktive (kompetitive oder nicht-kompetitive) Zielgruppenintegration entschieden, so übernehmen die Adressaten des Events diese Rolle selbst. Erfolgt deren Integration in das Eventgeschehen auf eine reaktive oder gar passive Art und Weise, so fungieren sie hingegen als Zuschauer. Als Hauptdarsteller treten in diesem Fall Sportler oder Mannschaften in Form eines Leistungsvergleichs gegeneinander an, die nicht zur unmittelbaren Zielgruppe des Unternehmens gehören. Diese Protagonisten sind als bewusst vom Veranstalter eingesetzte personenbezogene Produktionsfaktoren zu verstehen, bei deren Auswahl und Einsatz es die folgenden Punkte zu beachten gilt:

- Wie bereits erörtert, sollten sich solche Hauptdarsteller im Wettkampf miteinander vergleichen, die **gleiche oder ähnliche Leistungsfähigkeiten** aufweisen. So kann das Unternehmen die Chance erhöhen, den Zuschauern einen ausgeglichenen Wettkampf mit hohem Erlebnispotential zu bieten.
- Besitzen die Hauptdarsteller Talent zu **theatralischem Verhalten** (z. B. exzessives Jubeln, Gesten gegenüber dem Gegner) kann dies zur Dramatisierung des Marketing-Events beitragen. In Extremform lässt sich das beim *Wrestling* beobachten, bei dem die beteiligten Sportler eine „rituelle Konfrontation zwischen Gut und Böse" (Schwier und Schauerte 2009, S. 435) inszenieren.
- Außerdem können Unternehmen das Spannungspotential ihres Events über die Rekrutierung **prominenter Eventteilnehmer** beeinflussen. So belegen die Fernsehshows des Entertainers Stefan Raab (z. B. *TV total WOK WM*, *TV total Turmspringen*, *TV total Autoball EM*) beispielhaft, dass die prominenten Hauptdarsteller nicht zwangsweise aus dem Bereich des Sports kommen müssen. Vielmehr scheint es ausreichend, mehr oder minder bekannte prominente Personen aus der Unterhaltungsbranche (z. B. Schauspieler, Musiker) zu verpflichten, um das Publikum zu emotionalisieren.
- Bei der Auswahl der Hauptdarsteller sollten Unternehmen jedoch nur solche Prominente einsetzen, die **zur Marke passen**, um einen Transfer unerwünschter Assoziationen von diesen Akteuren auf die Marke zu vermeiden.
- Weiterhin können die Hauptdarsteller i.S. eines Testimonials auftreten, indem sie beispielsweise während der Veranstaltung positive Statements zur Marke abgeben. In diesem Fall gilt es bei der Auswahl der Hauptdarsteller deren **Attraktivität** und **Glaubwürdigkeit** aus der Perspektive der Eventzielgruppe zu berücksichtigen. So bewerten Konsumenten ein Testimonial dann als besonders attraktiv, wenn sie dieser Person vertrauen, sich mit ihr identifizieren und sie als sympathisch beurteilen. Dies wiederum führt dazu, dass sie die vom Testimonial vermittelten Informationen als besonders überzeugend wahrnehmen (vgl. Erdogan 1999; McCracken 1989). Weiterhin schätzen Menschen ein Testimonial dann als besonders glaubwürdig ein, wenn sie es als kompetent in Bezug auf die vorgetragene Botschaft beurteilen und wenn der oder die Prominente den Eindruck vermittelt, hinter der Botschaft zu stehen (vgl. Erdogan 1999; McCracken 1989; Kahle und Homer 1985).

Neben den Hauptdarstellern, die sich unmittelbar an sportlichen Aktivitäten während der Veranstaltung beteiligen, können auch **Moderatoren** zur Beeinflussung des Erlebnispotentials des Events zum Einsatz kommen. Wie bereits erwähnt, besteht die Aufgabe dieser Nebendarsteller zunächst darin, für Transparenz während des Events zu sorgen. Neben der dafür nötigen Sachkenntnis sollten sie auch die sportartspezifischen Symboliken und Rituale beherrschen, um sowohl „auf Augenhöhe" mit der Zielgruppe kommunizieren zu können als auch das Publikum zu stimmungsfördernden Handlungen (z. B. Klatschen) zu animieren. Besitzen die Moderatoren diese Kompetenzen, kann dies sowohl das Emotionalisierungspotenial des Events stärken als auch die Gemeinschaftserlebnisse zwischen den Zuschauern (Communitas) fördern (vgl. Schlesinger 2008, S. 227 ff.).

Sofern das **Eventpersonal** (z. B. Caterer, Security) während der Veranstaltung mit der Zielgruppe in Kontakt kommt, übernimmt auch diese Gruppe die Rolle von Nebendarstellern. Da diese Akteure somit automatisch die Funktion von Markenbotschaftern übernehmen, benötigen sie die für ihre Aufgaben erforderlichen Fähigkeiten und Fertigkeiten (z. B. Servicekompetenz, Freundlichkeit, Empathie).

5.4.3 Kulisse

Die Kulisse umfasst alle sachbezogenen Produktionsfaktoren, die bei der Inszenierung der physischen Umgebung des Marketing-Events zum Einsatz kommen. Eine zentrale Rolle spielt dabei die **Veranstaltungsstätte**, deren Auswahl und Gestaltung das Erlebnispotential einer Veranstaltung wesentlich beeinflusst.

Bereits die **symbolische Bedeutung** einer Veranstaltungsstätte kann bewirken, dass die Zielgruppe ein Event, welches in dieser Kulisse stattfindet, als außergewöhnliches Ereignis bewertet. Möglichen Quellen der Symbolkraft von Sportsstätten sind beispielsweise wichtige Sportereignisse, die dort stattgefunden haben (z. B. das sog. *Wembley-Tor*), besondere architektonische oder geographische Gegebenheiten (z. B. das Olympiastadion in Peking in Form eines „Vogelnests"), die historische Bedeutung einer Sportstätte (z. B. der *Old Course* in St. Andrews als ältester Golfplatz der Welt) oder ihre Funktion als Heimstatt eines bestimmten Sportlers- oder Sportvereins (z. B. das *Camp Nou* als Spielstätte des FC Barcelonas). Beruht die symbolische Bedeutung einer Sportstätte dabei auf Phänomenen, die einen Bezug zur Vergangenheit aufweisen, können sie bei den Konsumenten außerdem ein **Gefühl der Nostalgie** hervorrufen (vgl. Gordon 2013; Fairley und Gammon 2005). Dies wiederum beeinflusst insbesondere die emotionale Erlebnisfacette, da nostalgische Erinnerungen meist mit positiven Emotionen (z. B. Freude, Dankbarkeit) einhergehen (vgl. Holak und Havlena 1998; Holbrook und Schindler 1991).

Weiterhin entstehen Anreize für besondere Konsumerlebnisse, wenn Unternehmen die zur Gestaltung des Erlebnisrahmens genutzte Sportart aus ihrer angestammten Kulisse lösen und an einen ungewöhnlichen Ort verlegen. Dies ist beispielsweise bei der Veranstaltung *Biathlon auf Schalke* der Fall, bei dem die Sportart Biathlon den Zuschauern in einem Stadion präsentiert wird. Das Erlebnispotential einer solchen **Kontextveränderung** beruht dabei auf den bereits erörterten Wirkungen neuartiger Reize. Außerdem können spektakuläre **natürliche Kulissen** (z. B. Berge, Strände), in die eine Veranstaltungsstätte eingebettet ist, das Erlebnispotential eines Events erhöhen. So zeigen Canniford und Shankar (2013), dass Konsumenten solche Naturgegebenheiten häufig als erhaben, magisch oder urtümlich wahrnehmen, was insbesondere Wirkungen auf die transzendente Erlebniskomponente entfaltet.

Darüber hinaus belegen Studien, dass die konkreten **physischen Merkmale** einer Veranstaltungsstätte das emotionale Erleben von Sportveranstaltungen beeinflussen (vgl. Uhrich und Benkenstein 2010; Wakefield et al. 1996). Zu diesen Merkmalen gehören beispielsweise die Sauberkeit und technische Ausstattung (z. B. Videowände) der Veranstaltungsstätte, die Quantität und Qualität von Sitzmöglichkeiten oder ästhetische Merkmale (z. B. architektonische Gestaltung). Bei der Auswahl und Gestaltung der Veranstaltungsstätte gilt es somit sicherzustellen, dass diese Eigenschaften die von der Zielgruppe geforderte Qualität aufweisen.

Letztlich bildet auch der Einsatz begleitender **Musik** einen wichtigen Bestandteil zur Gestaltung der Kulisse des Events. So zeigt Schlesinger (2008, S. 230 f.), dass die während eines Sportevents gespielte Musik die Inszenierung des sportlichen Geschehens unterstützen (z. B. zur Steigerung der Spannung) und sich positiv auf die Stimmung unter den Zuschauern sowie auf das Auftreten emotionaler und relationaler Erlebnisse auswirken kann. Auch hier gilt es bei der Auswahl der Musik sowohl die Zielgruppenbedürfnisse als auch die Passfähigkeit zur Sportart zu berücksichtigen. Außerdem sollten die Eventteilnehmer die Musik nicht als störend empfinden, da dies das Auftreten von Flow behindern könnte.

Risiken der Nutzung des Sports als Erlebnisrahmen 6

Die bisherigen Ausführungen belegen, dass Sport als Erlebnisrahmen eine attraktive Quelle für außergewöhnliche Erfahrungen der Konsumenten von Marketing-Events sein kann. Jedoch geht dies auch mit einigen Risiken einher, die im Folgenden erörtert werden.

Sowohl bei der aktiven als auch bei der reaktiven Zielgruppenintegration greifen die Eventteilnehmer durch ihr **Verhalten** direkt in die Inszenierung ein. Die dabei entstehenden Interaktionen mit dem Unternehmen bzw. mit der im Mittelpunkt des Ereignisses stehenden Marke können einerseits den Kommunikationserfolg des Marketing-Events positiv beeinflussen (vgl. Drengner und Köhler 2013, S. 104 f.). Andererseits gehen mit dem Verhalten der Eventteilnehmer auch Risiken einher. Dies ist beispielsweise der Fall, wenn sich einzelne Eventbesucher aggressiv gegenüber anderen Teilnehmern verhalten (z. B. Beleidigungen, Gewalt). Um solche Entwicklungen zu vermeiden sowie diese bei Auftreten einzudämmen bzw. zu kontrollieren, sollten Unternehmen bei kritischen Zielgruppen bereits im Vorfeld entsprechende Vorkehrungen treffen. Hierzu gehört beispielsweise die Vermeidung aggressionsfördernder Faktoren (z. B. lange Wartezeiten, Gedränge durch zu viele Eventteilnehmer), Appelle für ein sportlich faires Verhalten, die Beobachtung potentiell aggressiver Zuschauer oder Deeskalationsschulungen für das Eventpersonal (vgl. Grove et al. 2012).

Ein weiteres Problem der Nutzung des Sports als Erlebnisrahmen im Eventmarketing liegt darin, dass manche Konsumenten die Nutzung „ihrer" Sportart durch Unternehmen zur Erreichung kommerzieller Ziele als unangebracht und störend empfinden (vgl. Zhang et al. 2005, S. 178 f.). Diese **negative Einstellung zur Kommerzialisierung** kann die Einstellung zur Marke oder die Beziehung zu ihr

© Springer Fachmedien Wiesbaden 2015
J. Drengner, *Sport als Erlebnisrahmen im Eventmarketing*, essentials,
DOI 10.1007/978-3-658-07980-2_6

schädigen (vgl. Drengner 2013a, S. 238 f., S. 288). Boyd (2000) begründet die Ursache solcher Effekte am Beispiel der Umbenennung von Stadien im Rahmen des Namenssponsoring damit, dass Unternehmen mit der kommerziellen Nutzung des Sports die **symbolische Bedeutung** der betroffenen Sportart verändern. Bewerten Konsumenten solche Entwicklungen als einen „unerlaubten" Eingriff in ihre Lebenswelten, resultieren daraus entsprechende Gegenreaktionen. Damit wird deutlich, dass sich Unternehmen ausführlich mit den Konsumprozessen der von ihnen anvisierten Sportart auseinandersetzen sollten, um solche Probleme zu vermeiden oder wenigstens zu minimieren.

Greifen Unternehmen auf bekannte und etablierte Sportarten zur Gestaltung des Erlebnisrahmens zurück, so gilt es letztlich zu beachten, dass sich die mit der Sportart und ihren prominenten Akteuren verknüpften Assoziationen im Zeitablauf in eine vom Unternehmen unerwünschte Richtung verändern können. Als Beispiele lassen sich hier Doping, unsportliches Verhalten von Fans (z. B. Ausschreitungen, Rassismus), die Manipulation von Wettkämpfen (z. B. bei sog „Wettskandalen") oder private Verfehlungen von Sportlern (z. B. Sex-Affäre des Golfspielers Tiger Woods, Verurteilung des Paralympic-Stars Oscar Pistorius wegen fahrlässiger Tötung seiner Freundin) nennen. Besteht aufgrund solcher Vorfälle das **Risiko eines Transfers negativer Imagebestandteile** auf die Marke, sollte das Unternehmen die zukünftige Nutzung dieser Sportart für das Eventmarketing kritisch prüfen.

Zusammenfassung 7

Wie in diesem Beitrag verdeutlicht, bietet der Sport geeignete Inhalte, um Marketing-Events mit einem hohen Potential für außergewöhnliche Erlebnisse anbieten zu können und damit die Erreichung der Kommunikationsziele des Unternehmens zu unterstützen. Die Rolle der Konsumenten als Co-Produzenten im Fall der aktiven und reaktiven Integration, die Ergebnisoffenheit sportlicher Entscheidungen sowie die im vorhergehenden Abschnitt diskutierten Risiken machen jedoch gleichzeitig deutlich, dass sich der Einsatz des Sports als Erlebnisrahmen zum Zwecke der Zielgruppenkommunikation **nicht komplett kontrollieren** oder steuern lässt. Vielmehr liefern Unternehmen mit ihren Marketing-Events „lediglich" den Anstoß für facetteneiche Erlebnisse (z. B. transzendente, relationale, emotionale, kollektiv-emotionale Erfahrungen), deren Entstehung jedoch ausschließlich in der Sphäre der Konsumenten der Veranstaltung liegt (vgl. Jahn und Drengner 2014). Somit sind die in diesem Beitrag vorgeschlagenen Handlungsempfehlungen in Abhängigkeit vom jeweiligen Kontext (z. B. Merkmale des Eventobjektes, der Zielgruppe und der Sportart) zu spezifizieren. Die Qualität der Managemententscheidung hängt dabei entscheidend von der Kenntnis der Zielgruppen und ihren sportbezogenen Konsumprozessen ab.

Im Fokus des vorliegenden Beitrags stand vor allem die Nutzung des Sports im Eventmarketing auf operativer Ebene. Abschießend sei deshalb darauf verwiesen, dass Sport nicht ausschließlich als Themenlieferant für Marketing-Events genutzt werden kann, sondern auch als **Plattform der gesamten Marketingkommunikation** (vgl. Drengner 2013a). Somit sollte das Eventmanagement inhaltliche Schnitt-

© Springer Fachmedien Wiesbaden 2015
J. Drengner, *Sport als Erlebnisrahmen im Eventmarketing,* essentials,
DOI 10.1007/978-3-658-07980-2_7

stellen zu anderen Kommunikationsinstrumenten entwickelt. Möglichkeiten bietet
hier beispielsweise die eventbegleitende Social Media-Kommunikation (vgl. Jahn
und Zanger 2013) oder die Anbindung der Marketing-Events an bereits bestehende
Maßnahmen des Sportsponsoring (vgl. Hermanns et al. 2003).

Was Sie aus diesem Essential mitnehmen können

- Sport bietet Unternehmen vielfältige Möglichkeiten zur erlebnisorientierten Inszenierung ihrer Marketing-Events.
- Eine erfolgreiche Inszenierung solcher Veranstaltungen erfordert grundlegende verhaltenswissenschaftliche Kenntnisse über deren Wirkungsweisen bei den Zielgruppen.
- Die Auswahl des richtigen Erlebnisrahmens, eine durchdachte Integration der Zielgruppen in das Event sowie eine zum Erlebnisrahmen passende Gestaltung der Inszenierungsstruktur (Aufführung, Darsteller, Kulisse) sind grundlegende Voraussetzungen für einen erfolgreichen Einsatz des Sports im Eventmarketing.
- Der Einsatz des Sports als thematische Plattform des Eventmarketing geht mit Risiken und Kontrollverlust für das veranstaltende Unternehmen einher. Dies gilt es bei der Eventinszenierung zu berücksichtigen.

© Springer Fachmedien Wiesbaden 2015
J. Drengner, *Sport als Erlebnisrahmen im Eventmarketing,* essentials,
DOI 10.1007/978-3-658-07980-2

Literatur

Alfs, C. (2014). *Sportkonsum in Deutschland: Empirische Analysen zur Allokation von Zeit und Geld für Sport.* Wiesbaden.

Andrade, E. B., & Cohen, J. B. (2007). On the consumption of negative feelings. *Journal of Consumer Research, 34*(3), 283–300.

Arnould, E. J., & Price, L. L. (1993). River magic: Extraordinary experience and the extended service encounter. *Journal of Consumer Research, 20*(1), 24–45.

Bauer, H. H., Heinrich, D., & Samak, M. (2012). Eine Einführung in das Konzept der Erlebniskommunikation. In H. H. Bauer, D. Heinrich, & M. Samak (Hrsg.), *Erlebniskommunikation: Erfolgsfaktoren für die Marketingpraxis* (S. 3–11). Heidelberg.

Beier, K. (2001). *Anreizstrukturen im Outdoorsport: Eine Studie zu den Anreizstrukturen von Sporttreibenden in verschiedenen Outdoor-Sportarten.* Schorndorf.

Berlyne, D. E. (1974). *Konflikt, Erregung, Neugier – Zur Psychologie der kognitiven Motivation.* Stuttgart.

Beverland, M. B., & Farrelly, F. J. (2010). The quest for authenticity in consumption: Consumers' purposive choice of authentic cues to shape experienced outcomes. *Journal of Consumer Research, 36*(5), 838–856.

Beyer, T. (2006). *Determinanten der Sportrezeption: Erklärungsmodell und kausalanalytische Validierung am Beispiel der Fußballbundesliga.* Wiesbaden.

Boyd, J. (2000). Selling home: Corporate stadium names and the destruction of commemoration. *Journal of Applied Communication Research, 28*(4), 330–346.

Bruhn, M., & Hadwich, K. (2012). Customer Experience – Eine Einführung in die theoretischen und praktischen Problemstellungen. In M. Bruhn & K. Hadwich (Hrsg.), *Customer Experience* (S. 3–36). Wiesbaden.

Canniford, R., & Shankar, A. (2013). Purifying practices: How consumers assemble romantic experiences of nature. *Journal of Consumer Research, 39*(5), 1051–1069.

Celsi, R. L., Rose, R. L., & Leigh, T. W. (1993). An exploration of high–risk leisure consumption through skydiving. *Journal of Consumer Research, 20*(1), 1–22.

Chen, C.-Y., Lin, Y.-H., & Chiu, H.-T. (2013). Development and psychometric evaluation of sport stadium atmosphere scale in spectator sport events. *European Sport Management Quarterly, 13*(2), 200–215.

© Springer Fachmedien Wiesbaden 2015

J. Drengner, *Sport als Erlebnisrahmen im Eventmarketing,* essentials,
DOI 10.1007/978-3-658-07980-2

Crupi, A. (2014). Nielsen overturns earlier call: Super Bowl XLVIII is most-watched, ever: Blowout scares up a record 112.2 Mio. viewers, In Adweek, http://www.adweek.com/news/television/nielsen-overturns-earlier-call-super-bowl-xlviii-most-watched-ever-155461. Zugegriffen: 26. Aug. 2014.

DOSB. (Hrsg.). (2014). *Bestandserhebung 2013*. Frankfurt a. M.

Drengner, J. (2008). *Imagewirkungen von Eventmarketing: Entwicklung eines ganzheitlichen Ansatzes* (3. Aufl.). Wiesbaden.

Drengner, J. (2014). Events als Quelle inszenierter außergewöhnlicher und wertstiftender Konsumerlebnisse – Versuch einer Definition des Eventbegriffes. In C. Zanger (Hrsg.), *Events und Messen* (S. 113–140). Wiesbaden.

Drengner, J., Gaus, H., & Zanger, C. (2004). Die Passfähigkeit zwischen Produkt und Kommunikationsinhalt beim Eventmarketing – Eine empirische Studie unter Anwendung der Korrespondenzanalyse. *Jahrbuch der Absatz- und Verbrauchsforschung, 50*(4), 411–431.

Drengner, J., Gaus, H., & Jahn, S. (2008). Does flow influence the brand image? *Journal of Advertising Research, 47*(1), 138–147.

Drengner, J., Sachse, M., & Furchheim, P. (2009). Flow in consumer research: A novel approach. In A. L. McGill & S. Shavitt (Hrsg.), *Advances in consumer research* (Bd. 36, S. 670–671). Duluth.

Drengner, J., Jahn, S., & Zanger, C. (2011). Measuring event-brand congruence. *Event Management, 15*(1), 25–36.

Drengner, J., & Jahn, S. (2012). Konsumerlebnisse im Dienstleistungssektor: Die Konzeptualisierung des Erlebniskonstrukts am Beispiel kollektiv-hedonistischer Dienstleistungen, In M. Bruhn & K. Hadwich (Hrsg.), *Customer Experience* (*Forum Dienstleistungsmanagement*) (S. 227–249). Wiesbaden.

Drengner, J., Jahn, S., & Gaus, H. (2012). Creating loyalty in collective hedonic services: The Role of satisfaction and psychological sense of community. *Schmalenbachs Business Review, 63*(2), 59–76.

Drengner, J. (2013a). *Markenkommunikation mit Sport – Wirkungsmodell für die Markenführung aus Sicht der Service-Dominant Logic*. Wiesbaden.

Drengner, J. (2013b). Eventmarketing und Social Media-Kommunikation als Instrumente des Managements von Markenbeziehungen aus der Perspektive der Service-Dominant Logic. In C. Zanger (Hrsg.), *Events im Zeitalter von Social Media* (S. 63–84). Wiesbaden.

Drengner, J., & Köhler, J. (2013). Stand und Perspektiven der Eventforschung aus Sicht des Marketing. In C. Zanger (Hrsg.), *Events und Sport* (S. 89–132). Wiesbaden.

Drengner, J., Jahn, S., & Furchheim, P. (2013). Die Eignung von Social Networking-Plattformen für die Ablaufkontrolle von Events: Eine empirische Untersuchung unter Rückgriff auf die Erlebnisqualität. In C. Zanger (Hrsg.), *Events und Sport* (S. 153–178). Wiesbaden.

Erdogan, B. Z. (1999). Celebrity endorsement: A literature review. *Journal of Marketing Management, 15*(4), 291–314.

Fairley, S., & Gammon, S. (2005). Something lived, something learned: Nostalgia's expanding role in sport tourism. *Sport in Society, 8*(2), 182–197.

Fairley, S., & Tyler, B. D. (2012). Bringing baseball to the big screen: Building sense of community outside of the ballpark. *Journal of Sport Management, 26*(3), 258–270.

Fisher, R. J., & Wakefield, K. (1998). Factors leading to group identification: A field study of winners and losers. *Psychology & Marketing, 15*(1), 23–40.

Fournier, S. (1998). Consumers and their brands: Developing relationship theory in consumer research. *Journal of Consumer Research, 24*(4), 343–373.

Fullerton, S., & Merz, G. R. (2008). The four domains of sports marketing: A conceptual framework. *Sport Marketing Quarterly, 17*(2), 90–108.

Funk, D. C., & James, J. D. (2006). Consumer loyalty: The meaning of attachment in the development of sport team allegiance. *Journal of Sport Management, 20*(2), 189–217.

Funk, D. C., & James, J. (2001). The psychological continuum model: A conceptual framework for understanding an individual's psychological connection to sport. *Sport Management Review, 4*(2), 119–150.

Gebhardt, W. (2008). Gemeinschaften ohne Gemeinschaft: Über situative Event-Vergemeinschaftungen. In R. Hitzler, A. Honer, & M. Pfadenhauer (Hrsg.), *Posttraditionale Gemeinschaften: Theoretische Bestimmungen und ethnografische Bestimmungen* (S. 202–213), Wiesbaden.

Gordon, K. O. (2013). Emotion and memory in nostalgia sport tourism: examining the attraction to postmodern ballparks through an interdisciplinary lens. *Journal of Sport & Tourism, 18*(3), 217–239.

Gorse, S., Chadwick, S., & Burton, N. (2010). Entrepreneurship through sports marketing: A case analysis of red bull in sport. *Journal of Sponsorship, 3*(4), 348–357.

Grove, S. J., Pickett, G. M., Jones, S. A., & Dorsch, M. J. (2012). Spectator rage as the dark side of engaging sport fans: Implications for service marketers. *Journal of Service Research, 15*(1), 3–20.

Gwinner, K., & Swanson, S. R. (2003). A model of fan identification: Antecedents and sponsorship outcomes. *Journal of Services Marketing, 17*(3), 275–294.

Hatfield, E., Cacioppo, J., & Rapson, R. L. (1993). Emotional contagion. *Current Directions in Psychological Science, 2*(3), 96–99.

Hermanns, A., & Riedmüller, F. (2008). Die duale Struktur des Sportmarktes. In A. Hermanns & F. Riedmüller (Hrsg.), *Management-Handbuch Sport-Marketing* (2. Aufl., S. 41–65). München.

Haverkamp, N., & Willimczik, K. (2005). Vom Wesen zum Nicht-Wesen des Sports: Sport als ontologische Kategorie und als kognitives Konzept. *Sportwissenschaft, 35*(3), 271–290.

Hermanns, A., Marwitz, C., & Riedmüller, F. (2003). Kombination von Sponsoring und Events im Sport: Authentische Marketing-Kommunikation bei differenzierten Zielgruppen. In A. Hermanns & C. Riedmüller (Hrsg.), *Sponsoring und Events im Sport.* (S. 211–234). München.

Holak, S. L., & Havlena, W. J. (1998). Feelings, fantasies, and memories: An examination of the emotional components of nostalgia. *Journal of Business Research, 42*(3), 217–226.

Holbrook, M. B., & Schindler, R. M. (1991). Echoes of the dear departed past: some work in progress on nostalgia. In R. H. Holman & M. R. Solomon (Hrsg.), *Advances in consumer research* (Bd. 18, Provo, S. 330–333).

Horky, T. (2001). *Die Inszenierung des Sports in der Massenkommunikation.* Hamburg.

Horky, T. (2009). Was macht den Sport zum Mediensport?: Ein Modell zur Definition und Analyse von Mediensportarten. *Sportwissenschaft, 39*(4), 298–308.

Jackson, S. A., & Kimiecik, J. C. (2008). The flow perspective of optimal experience in sport and physical activity. In T. S. Horn (Hrsg.), *Advances in sport psychology* (3rd Aufl., S. 377–399). Champaign.

Jahn, S., & Drengner, J. (2013). Transzendente Konsumerlebnisse bei Events und ihre Wirkungen auf die Eventloyalität. In C. Zanger (Hrsg.), Events im Zeitalter von Social Media (S. 109–128). Wiesbaden.

Jahn, S., & Drengner, J. (2014). Entstehung und Wahrnehmung des Service Value. In M. Bruhn & K. Hadwich (Hrsg.), *Service Value als Werttreiber: Konzepte, Messung und Steuerung* (*Forum Dienstleistungsmanagement*) (S. 33–57). Wiesbaden.

Jahn, S., & Zanger, C. (2013). Events und Social Media. In M. Bruhn & K. Hadwich (Hrsg.), *Dienstleistungsmanagement und Social Media* (*Forum Dienstleistungsmanagement*) (S. 257–276). Wiesbaden.

Kahle, L. R., & Homer, P. M. (1985). Physical attractiveness of the celebrity endorser: A social adaption perspective. *Journal of Consumer Research, 11*(4), 954–961.

Kurz, D. (1990). *Elemente des Schulsports* (3. Aufl.). Schorndorf.

Madrigal, R., & Dalakas, V. (2008). Consumer psychology of sport: More than just a game. In C. P. Haugtvedt, P. M. Herr, & F. R. Kardes (Hrsg.), *Handbook of consumer psychology* (S. 857–876.). New York.

McCracken, G. (1986). Culture and consumption: A theoretical account of the structure and movement of the cultural meaning of consumer goods. *Journal of Consumer Research, 13*(1), 71–84.

McCracken, G. (1989). Who is the celebrity endorser? Cultural foundations of the endorsement process. *Journal of Consumer Research, 16*(3), 310–321.

McGinnis, L. O., Gentry, J. W., & Gao, T. (2008). The impact of flow and communitas on enduring involvement in extended service encounters. *Journal of Service Research, 11*(1), 74–90.

McGinnis, L. P., Gentry, J. W., & Gao, T. T. (2012). Antecedents to consumer perceptions of sacredness in extended service experiences: The case of golf. *Journal of Service Research, 15*(4), 476–488.

Nickel, O., & Esch, F.-R. (2007). Markentechnische und verhaltenswissenschaftliche Aspekte erfolgreicher Marketingevents. In O. Nickel (Hrsg.), *Eventmarketing – Grundlagen und Erfolgsbeispiele* (2. Aufl., S. 53–79). München.

Puca, R. M., & Langens, T. A. (2008). Motivation. In J. Müsseler (Hrsg.), *Allgemeine Psychologie* (2. Aufl., S. 190–229). Berlin.

Riedl, L. (2008). „Und dann jubelte das ganze Stadion!" – Zur Entstehung und Steuerung kollektiver Emotionen im Spitzensport. *Sport und Gesellschaft, 5*(3), 221–250.

Sachse, M., & Drengner, J. (2010), The dark side of sponsoring and ambushing mega sports events: Is successful communication hampered by too many, too similar, and too ambiguous stimuli? In C. Zanger (Hrsg.), *Stand und Perspektiven der Eventforschung* (S. 37–58). Wiesbaden.

Schlesinger, T. (2008). *Emotionen im Kontext sportbezogener Marketing-Events.* Hamburg.

Schlesinger, T. (2010). Zum Phänomen kollektiver Emotionen im Kontext sportbezogener Marketing-Events, In C. Zanger (Hrsg.), *Stand und Perspektiven der Eventforschung* (S. 133–150). Wiesbaden.

Schouten, J. W., McAlexander, J. H., & Koenig, H. F. (2007). Transcendent customer experience and brand community. *Journal of the Academy of Marketing Science, 35*(3), 357–368.

Schwier, J., & Schauerte, T. (2009). Die Theatralisierung des Sports. In H. Willems (Hrsg.), *Theatralisierung der Gesellschaft: Soziologische Theorie und Zeitdiagnose* (S. 419–438). Wiesbaden.

Seippel, O. (2006). The meanings of sport: Fun, health, beauty or community. *Sport in Society, 9*(1), 51–70.

Sistenich, F. (1999). *Eventmarketing: Ein innovatives Instrument zur Metakommunikation in Unternehmen.* Wiesbaden.

Solberg, H. A., Hanstad, D. V., & Thøring, T. A. (2010). Doping in elite sport—do the fans care? public opinion on the consequences of doping scandals. *International Journal of Sports Marketing & Sponsorship, 11*(3), 185–199.

Statista (Hrsg.) (2014a). Mitgliederzahl der deutschen Fitnessclubs von 2004 bis 2013, http://de.statista.com/statistik/daten/studie/5966/umfrage/mitglieder-der-deutschen-fitnessclubs-seit-2004/, abgerufen am 26.08.2014.

Statista (Hrsg.) (2014b). Fernsehzuschauer der Spiele der deutschen Nationalmannschaft bei der Fußball-Weltmeisterschaft 2014 in Brasilien, http://de.statista.com/statistik/daten/studie/305427/umfrage/tv-quoten-der-spiele-der-deutschen-nationalmannschaft-bei-der-wm/, abgerufen am 26.08.2014.

Steenkamp, J.-B., & Baumgartner, H. (1992). The role of optimum stimulation level in exploratory consumer behavior. *Journal of Consumer Research, 19*(3), 272–282.

Sutterheim, K., & Kaiser, S. (2011). *Handbuch der Filmdramaturgie: Das Bauchgefühl und seine Ursachen* (2. Aufl.). Frankfurt.

Uhrich, S., & Koenigstorfer, J. (2009). Effects of atmosphere at major sports events: A perspective from environmental psychology. *International Journal of Sports Marketing & Sponsorship, 10*(4), 325–344.

Uhrich, S., & Benkenstein, M. (2010). Sport stadium atmosphere: Formative and reflective indicators for operationalizing the construct. *Journal of Sport Management, 24*(2), 211–237.

Vosgerau, J., Wertenbroch, K., & Carmon, Z. (2006). Indeterminacy and live television. *Journal of Consumer Research, 32*(4), 487–495.

Wakefield, K. L., Blodgett, J. G., & Sloan, H. S. (1996). Measurement and management of the sportscape. *Journal of Sport Management, 10*(1), 15–31.

Weinberg, P., & Nickel, O. (2007). Grundlagen für die Erlebniswirkung von Marketingevents. In O. Nickel (Hrsg.), Eventmarketing – Grundlagen und Erfolgsbeispiele (2. Aufl., S. 53–79). München.

Wheaton, B. (2000). "Just do it": consumption, commitment, and identity in the windsurfing subculture. *Sociology of Sport Journal, 17*(3), 254–274.

Wochnowski, H. (1996). *Veranstaltungsmarketing: Grundlagen und Gestaltungsemp-fehlungen zur Vermarktung von Veranstaltungen.* Frankfurt.

Wopp, C. (2006). *Handbuch zur Trendforschung im Sport.* Aachen.

Wünsch, U. (2012). *Event als Interaktion und Inszenierung: Ein Beitrag zu Theorie und Praxis der Medienästhetik.* Berlin.

Zanger, C. (Hrsg.) (2013). *Events und Sport.* Wiesbaden.

Zanger, C. (2013). Events im Zeitalter von Social Media – Ein Überblick. In C. Zanger (Hrsg.), *Events im Zeitalter von Social Media* (S. 2–18). Wiesbaden.

Zanger, C., & Drengner, J. (2009). *Eventmarketing.* In M. Bruhn, F.-R. Esch, & T. Langner (Hrsg.), *Handbuch Kommunikation: Grundlagen – Innovative Ansätze – Praktische Umsetzungen* (S. 195–213). Wiesbaden.

Zanger, C., & Schweizer, J. (2004). *Das Eventpotential der 150 wichtigsten Sportarten.* München.

Zhang, Z., Won, D., & Pastore, D. L. (2005). The effects of attitudes towards commercialization on college students' purchasing intentions of sponsors' products. *Sport Marketing Quarterly, 14*(3), 177–187.